삶에 희망과 행복을 주는
아름다운 77가지 이야기

삶에 희망과 행복을 주는
아름다운 77가지 이야기

삶에 희망과 행복을 주는
아름다운 77가지 이야기

지은이 • 박웅순
펴낸이 • 채주희
펴낸곳 • 엘맨

초판 1쇄 발행 ㅣ 2010년 9월 30일

등 록 • 제10-1562호(1985.10.29)
주 소 • 서울특별시 마포구 신수동 448-6
전 화 • 02-323-4060, 322-4477
팩 스 • 02-323-6416
메 일 • elman1985@hanmail.net

ⓒ박웅순, 2010

마 케 팅 • 김연범(010.3767.5616)
마케팅지원 • 정수복

값 • 10,000원
ISBN 978-89-5515-383-5 03230

박응순 지음

엘맨

머리말

새벽기도를 마치고 산책을 하는데 새벽에 심하게 몰아친 곤파스 태풍으로 인하여 도로에 커다란 가로수가 쓰러져 있었습니다. 궁금해진 저는 쓰러진 가로수 가까이에 다가가 밑둥지를 보니 뿌리채 뽑혀 있었습니다.

뿌리를 깊이 내리지 못한 가로수는 비록 그 나무가 클지라도 세찬 바람에 쓰러지고 만 것입니다.

우리의 인생은 언제, 어디서 태풍을 만날지 아무도 모릅니다. 이때 뿌리를 깊이 내리지 못한 사람은 쓰러지고 맙니다.

우리는 살다보면 한 번쯤은 칠흑같은 어둠과 마주치게 됩니다.

세상과 맞설 용기가 사라지고 괴로움과 절망 속으로 점점 빠져들게 됩니다.

삶에 위기를 만날 때마다 새 힘을 얻을 수 있는 에너지가 필요한 것입니다. 그래서 저는 힘들고, 어려운 시대를 사는 믿음의 사람들에게 뿌리를 깊이 내리기를 바라는 마음으로 이 글을 썼습니다.

삶에 희망과 행복을 주는 아름다운 77가지 이야기

　이 책은 지난 몇 년 동안 국민일보의 "겨자씨"라는 칼럼란에 기고했던 글과 오래전에 한줄기 빛으로라는 제목으로 출판해서 많은 사람들에게 힘과 용기를 주었던 책의 내용과 아름다운 이야기들을 모아서 엮은 것입니다.

　저의 마음은 이 책을 읽는 분마다 삶에 희망과 행복을 갖기를 바랍니다.

　또 한 새 힘과 용기를 얻어서 험한 세상에서 승리하는 새로운 원동력이 생겨나기를 바라는 것입니다.

　이 모든 영광 하나님께 올려 드립니다.

2010년 9월 어느날에

저자 **박응순** 목사

차례

삶에 희망과 행복을 주는 아름다운 77가지 이야기

삶에 희망과 행복을 주는 아름다운 77가지 이야기

01

꿈의 유람선

어느 미용사가 유람선을 타고 세계를 돌면서 복음을 증거하는 꿈을 꾸었습니다. 하나님께 그 꿈이 이루어지게 해 달라고 기도드렸습니다.

어느 날 유람선 선장을 찾아가서 자기 꿈을 알려 주면서 그 꿈을 이룰 수 있는 길을 물었습니다. "마침 우리 유람선 미용실에 사람을 구하고 있습니다. 이곳에서 일해 주시겠습니까?" 그래서 그 처녀는 유람선 미용실에 취직이 되었고, 손님들의 미용을 돌보며 전도하게 되었습니다.

그러던 어느 날 풍랑이 일었습니다. 유람선이 풍랑에 부딪쳐서 파선될 지경이 되었고, 한 사람이 멀미와 병으로 몹시 고통을 당하고 있었습니다. 그 처녀는 정성을 다하여 간호해 주었습니다. 다행히 회복이 되었습니다. 나중에 안 것이지만 그 남자는 재벌이었습니다. 유람선이 뉴욕에 도착하였습니다. 그 남자는 감사의 선물을 사주고 싶다고 보석상으로 데리고 갔습니다. 그 처녀는 값싸고 작은 보석을 골랐습니다. 비싼 것을 마다

삶에 희망과 행복을 주는 아름다운 77가지 이야기

하였습니다. 그 사람은 이 처녀의 착한 마음씨에 더욱 감동을
받았습니다. 서로를 사랑하게 되었고 드디어 그 여자와 결혼하
게 되었습니다. 남편은 아내의 소원을 들어 주었습니다. 유람
선을 사준 것이었습니다. 그녀의 꿈은 이루어졌습니다.

꿈을 가지고 있다면 포기하지 마십시오. 꿈은
꿈꾸는 자의 것입니다. 사람의 눈으로 볼 때는 그 꿈이
허황된 것일지라도 판단하시는 분은 바로 하나님이십니다.

02

복음의 노래

미국의 가수인 롤랜드 헤이즈Roland Hayes는 신앙이 좋기로 소문난 사람입니다. 그러나 흑인 가수이기에 많은 어려움을 겪었습니다.

독일 베를린에서 콘서트를 가졌을 때 일입니다. 모인 사람들은 거의 백인들이었습니다. 막이 오르고 헤이즈가 노래를 시작하려고 할 때 "흑인의 노래는 들을 수 없다. 노래를 집어치우라!"며 누군가가 소리쳤습니다. 이어 상스러운 욕질을 하면서 백인들은 침을 뱉으며 방석을 던졌습니다. 충격을 받은 헤이즈는 좌절이 되었습니다. 그래서 노래를 부르지 않고 돌아서 나가려는데 눈앞에 예수님이 나타났습니다. 빌라도의 법정에서 유대인들이 욕을 하고 침을 뱉고 손가락질을 하고 온갖 곤욕을 받을 때 아무 말도 아니하고 고개를 숙이고 있는 예수님을 보았습니다. 갑자기 헤이즈의 마음속에 생각이 떠올랐습니다. '예수님은 저렇게 손가락질을 당하고 모욕을 당하고 고난을 당하셔도 뒤로 물러가지 않으시는데, 왜 내가 뒤로 물러가야 되는가.’ 그는 청중 앞에 다시 나가 눈물을 흘리며 서 있었습니다. 그러자 소란스럽던 청중들이 조용해졌습니다. 그때 헤이즈는 흑인영가를 부르기 시작했습니다. 모인 사람들이 모두 감동했습니다. 일어나 박수갈채를 보냅니다. 헤이즈는 그 날 대 성공을 거두며 하나님께 영광 돌리게 되었습니다.

복음을 전하다 핍박을 받았습니까? 그것은 나의 핍박이 아니라 주님의 핍박입니다. 주의 일을 하다가 모욕을 당했습니까? 그것은 나에 대한 모욕이 아니라 주님이 당하신 모욕입니다. 모욕과 핍박을 당한 그 자리에서 일어나십시오. 흑인가수의 노래처럼 입술을 열어 복음을 전하십시오.

03

초밥의 승리

　일본 만화 가운데 〈미스터 초밥왕〉이라는 것이 있습니다. 그 만화의 내용은 이러합니다. 한 사람이 초밥집을 냈습니다. 그런대로 잘 되고 있었습니다. 작은 성공에 만족하며 그럭저럭 지내고 있었습니다. 그런데 다른 사람이 자기 집 옆에 초밥집을 냈습니다. 그리고 자기 초밥집을 음해하는 바람에 망하고 말았습니다. 그러나 그는 포기하지 않고 동경 초밥집에 취직하여 오른손, 왼손으로 초밥을 일정하게 떼어내는 피눈물 나는 연습을 하였습니다.

　많은 연구 끝에 밥알이 350개 되었을 때가 제일 맛있다는 것을 깨닫게 되었습니다. 안주용 초밥은 280알일 때가 가장 맛있고 이상적이라는 것을 알아냈습니다. 그래서 오른손으로 잡으면 350알, 왼손으로 잡으면 280알이 되도록 훈련을 하였습니다. 밤낮 그것만 하였습니다. 맛있게 만들고, 빨리 만들고, 정확하게 만드는 훈련을 하였습니다. 그의 목표는 생선 초밥왕이 되는 것이었습니다. 드디어 훈련을 마쳤습니다. 나중에 실험하

삶에 희망과 행복을 주는 아름다운 77가지 이야기

여 보니 10번 중에 8개가 한 톨도 틀리지 않고 정확하였습니다. 그래서 생선초밥 왕이 되었다는 내용의 만화입니다. 그가 다시 만든 초밥집 음식점은 항상 만원을 이루었습니다.

작은 성공에 만족하여서는 안 됩니다. 바울은 "스스로 섰다고 하는 자는 넘어질까 조심하라"고 말했습니다. 지금 모든 일이 잘 되어 가고 있습니까? 넘어질까 조심하십시오. 주님 앞에 겸손하십시오. 지금 어려움에 처해 있습니까? 역경을 딛고 일어서는 삶이 아름다운 것입니다. 역경 중에 있다면 철저하게 훈련받고 결국은 일어나는 사람이 되십시오.

04

승리의 비결

세계에서 가장 잔인하고 혹독한 경기가 무엇인지 아십니까? 미국에서 일 년에 한 번씩 벌어지는 이디타로드Iditarod라는 경기입니다. 개가 끄는 눈썰매를 타고 얼음의 땅 알래스카를 10일 가량 1,760km를 달리는 경기입니다. 눈 속에서 달리는 경기입니다. 지구력과 극한의 상황에 도전하는 사람과 동물의 경기이므로 끝까지 달리기만 하여도 각광을 받습니다. 그런데 수잔 버처Susan Butcher라는 여자는 4번이나 우승하였습니다.

그녀에게는 자신만의 우승 비결이 있었습니다. 그녀는 천성적으로 개를 너무나 사랑하는 사람이었습니다. 개는 자기를 사랑하는 사람을 너무나 잘 압니다. 다른 사람들은 10일간 달리면서 엄청난 상급을 받기 위하여 혹독하게 몰았습니다. 그러나 수잔은 개를 사랑하여서 식구처럼 대하였습니다. 개는 수잔의 말을 잘 따라 주었습니다. 개가 '진심으로' 일하여 주기에 일등을 놓치지 않았던 것입니다. 어려서부터 한결같은 마음으로 개를 사랑하는 천성이 그녀를 이 경기에서 항상 이기게 만든 것입니다. 또 한 가지는 1,760km를 어떤 어려움이 있어도 포기하지 않는 것이 우승의 비결이었습니다.

두 가지의 문제를 극복하여야 승리할 수 있습니다. 개를 사랑해야 하고 자신을 이겨야 합니다. 결코 포기하지 않으면 목표에 도달할 수 있습니다. 포기하거나 낙심하면 이룰 수 없습니다.

05
최고의 청소업체

알프스 산 남쪽 기슭, 어느 마을에 한 노인이 조용히 살고 있었습니다. 이 노인은 계곡 물에 여러 가지 더러운 잡동사니가 흘러 들어와서 마을로 흘러오는 샘물을 더럽힌다고 하여 그것을 깨끗하게 관리하도록 오래 전부터 마을 사람들이 고용해 온 사람이었습니다. 이 노인은 말없이 충실하게 그 동네를 순찰하면서 나뭇잎과 나뭇가지를 줍고 샘물을 더럽히는 찌꺼기들을 제거했습니다. 마을은 날이 갈수록 깨끗해져 어느덧 아름다운 휴양지로 소문이 났습니다.

오랜 세월이 흘렀습니다. 어느 날 마을 사람들의 정기총회가 열렸습니다. 마을의 예산안을 심의하던 도중 누군가가 샘물을 관리하는 사람에게 지불되는 돈을 문제 삼기 시작했습니다. '도대체 그 노인은 뭘 하는 사람입니까? 무엇 때문에 별 쓸모없는 사람을 고용해서 돈을 낭비합니까? 더 이상 더럽지도 않으니 이제는 그 사람을 고용할 필요가 없다고 생각합니다!' 결국 그 날의 총회에서 그 노인은 해고되었습니다. 그 후 샘물에는 엷은 적갈색 이끼가 조금씩 생겨났습니다. 그러더니 점점 물은 더러워졌고 또 좀 지나자 끈끈한 기름 층이 샘물을 뒤덮고 물에서는 악취가 풍겨 나기 시작했습니다. 급기야 이상한 질병이 마을을 휩쓸었습니다.

우리 마음 또한 이 마을과 같습니다. 매일 기도와 말씀으로 죄악의 찌꺼기를 제거하지 않으면 우리 마음도 악취가 풍기고 더러워지게 됩니다. 이 노인처럼 우리 마음의 더러운 죄악을 제거해 주실 분은 오직 주님 한 분뿐이십니다. 그분께 우리 마음의 청소를 맡기십시오. 그분만이 우리 마음을 개끗하게 하실 수 있습니다.

침묵의 사인

링컨 대통령은 흑인 노예를 해방시킨 대통령입니다. 그가 노예 해방을 시키게 된 동기가 있습니다. 그의 어머니는 사생아로 태어났기에 세상 사람들로부터 손가락질을 받았습니다. 자기 어머니가 손가락질을 받을 때 그는 비애를 느꼈습니다. 자랄 때부터 무시당하고 자랐습니다. 뿐만 아니라 선거 때마다 낙선하였습니다. 그러나 링컨은 '사람 위에 사람 없고 사람 밑에 사람 없다. 사람은 다 같다. 주인과 종이 있을 수 없다. 내가 힘이 생기면 흑인을 종으로 부리는 것을 없애리라.' 고 다짐하였습니다.

수십 년이 흘렀습니다. 링컨은 대통령이 되었습니다. 수많은 백인들의 반대를 짓누르고 흑인 노예를 해방시키리라고 결단하였고 전쟁을 치렀습니다. 오랜 시간 끝에 전쟁에서 승리했습니다. 드디어 비서실장이 노예 해방 서류를 가지고 들어왔습니다. 대통령이 마지막 사인을 하면 수많은 노예들이 자유를 얻게 되는 순간입니다. 링컨은 펜을 들고 사인을 하려다가 부들

삶에 희망과 행복을 주는 아름다운 77가지 이야기

부들 떨었습니다. 링컨은 펜을 놓고 사무실을 한 바퀴 돌고 다시 와서 펜을 들었습니다. 펜을 들고 또 떨었습니다. 다시 놓고 한 바퀴 다시 돌고 와서 세 번째 펜을 잡았습니다. 그리고 또 떨고 있었습니다.

비서실장이 물었습니다. "왜 그러십니까?" 링컨이 말했습니다. "흥분되어서 그렇소. 내가 사인함으로 수백만 명 흑인들이 자유를 얻게 되니까. 그리고 새 출발하게 된다. 세상이 바뀌게 될 테니까. 흑인들이 기쁨에 찬 얼굴, 만세를 부르는 모습이 떠올라 내 눈을 가린다오." 그리고 서류에 사인을 하였습니다. 수십 년 전에 자기가 다짐하였던 그 약속을 잊지 않고 수십 년 만에 힘이 생겼을 때 행동을 옮기기 위하여 침묵을 깨뜨리는 링컨의 모습이었습니다.

위기는 기회입니다

독수리 이야기를 하고 싶습니다. 독수리의 수명은 40년가량입니다. 그러나 어떤 독수리는 유별나게 60년을 삽니다. 아주 장수하는 독수리는 70년을 산다고 합니다. 오래 사는 독수리의 특성을 연구한 동물학자는 다음과 같은 이야기를 합니다.

40년 가량을 독수리가 살고 나면 발톱이 무뎌지고 힘이 나약하여집니다. 먹이 사냥이 불가능해집니다. 그러면 모든 것을 포기하고 까부라지는 독수리는 그대로 생을 마감하고 말게 됩니다. 그러나 장수하는 독수리는 포기하지 않습니다. 자기 입으로 자기 깃털을 다 뽑아 버립니다. 그리고 자기 발톱을 자기가 다 뽑아 버립니다. 그리고 자기 입부리도 다 바위에 갈아 버립니다. 모든 것을 버립니다. 고통 중에 고통입니다. 발톱을 뽑을 때에 고통, 깃털을 뽑을 때에 아픔, 부리를 갈 때에 쓰라림. 이제 그 독수리는 더 이상 하늘의 왕자가 아닙니다. 누가 조금만 공격하여도 대항할 힘이 없는 아주 나약한 존재입니다. 새가 공격하여도 대항할 수 없습니다. 독수리에게는 오직 기다림

뿐입니다. 그러나 얼마 동안 지나면 다시 깃털
이 납니다. 발톱이 다시 생깁니다. 부리가
다시 솟아오릅니다. 다시 독수리다운
독수리가 됩니다. 다시 제2의 생을
살게 됩니다.

　모든 것이 끝이라고 생각했을 때, 인생의 가장 밑바닥에 도
달했다고 생각했을 때, 그때가 곧 시작입니다. 그동안 내가 자
랑했던 발톱과 깃털을 뽑아버릴 때입니다. 인간이 자랑했던 모
든 것을 버리고 다시 한 번 주님과 함께 새 출발을 해야 할 때
입니다. 주님께서 당신에게 새로운 발톱과 깃털을 주실 것입니
다. 날아오르십시오. 위기는 곧 기회입니다.

08
두려움을 치료하는 약

기독교 전문잡지인 「가이드 포스트」지에 실린 '알렉산더 풀루무어'의 간증을 소개합니다. 그는 어느 날 병원에서 전립선암이라는 선고를 받았습니다. 그는 가슴이 무너지는 것 같았습니다. 그도 그럴 것이 그의 아버지도 바로 자기 나이에 전립선암을 선고받고 두 달 만에 돌아가셨고, 삼촌도 두 사람이나 그 병으로 죽었고, 사촌도 몇 사람이 그 병으로 죽었기 때문입니다.

그는 '아! 이제는 내 차례가 왔구나!' 하는 순간 맥이 풀리고 아무 의욕도 없었습니다. 그는 두려움에 사로잡혔습니다. 그는 낙심하여 운동도 사업도 다 정리하고 사람조차 만나지 않고 음식도 먹지 않았습니다. 깊은 우울증과 두려움에 빠졌습니다. 누구의 위로도 희망적인 말도 귀에 들어오지 않았습니다.

그러던 중 하나님께 기도하기 시작했습니다. 낫게 해 달라고 기도하지는 못하고 대신 '하나님, 사람이 한 번은 가겠지만 지금 제 마음이 너무나 두렵습니다. 이 두려움을 없애주세요. 이

삶에 희망과 행복을 주는 아름다운 77가지 이야기

무서운 두려움 자체를 가져가세요.' 그는 오직 이 하나의 제목으로만 기도하였습니다. 그런데 신기한 것은 죽어도 주님과 만난다는 소망이 생겨나면서 두려움의 공포가 사라지는 것이었습니다. 하나도 두렵지 않았습니다. 죽음조차도 무섭지 않았습니다. 그래서 '하, 거 이상하다.' 하면서 모든 삶이 정상으로 돌아와 어느 사이에 잃어버렸던 체중도 회복하게 되었습니다. 병원에 갔더니 의사가 하는 말이 "이건 기적이요. 다 나았으니 다시 병원에 오지 마세요." 했다는 간증입니다.

히스기야 왕을 생각나게 합니다. 그 왕 또한 중병을 앓게 되었지만 그의 간구하는 기도를 듣게 된 하나님은 그의 생명을 15년이나 연장시켜 주셨습니다. 오직 하나님 안에 모든 답과 치료약이 있습니다.

09

똑같은 상처와 똑같은 고통

GOD is here

아우슈비츠 수용소를 가 본 사람들의 이야기를 들어보면 분노와 경악보다는 오히려 허탈한 심정이라고 합니다.

독일이 자행한 만행은 인간성 자체에 대한 좌절이었습니다. 사람의 털로 짠 모직물들을 바라보면 이 말이 결코 과장이 아니라는 것을 느낄 수 있습니다. 그리고 그곳의 가스실을 한번 둘러보면 온 몸에 소름이 끼치는 전율을 느끼게 됩니다. 천 명을 한꺼번에 죽일 수 있는 살인공장은 그곳에 들어서자마자 현기증을 느끼게 됩니다. 비용이 적게 들면서 신속하고 효과적인 살인 방법을 연구하여 건설한 것입니다. 지클론B는 5Kg으로 천 명을 살인할 수 있는데, 2년 동안 1만 Kg이 소모되었습니다. 얼마나 많은 목숨이 허탈하게 죽어갔는지 상상할 수 있습니다.

연합군이 이 수용소를 탈환하고 이 수용소의 벽을 살펴보다가 한 쪽 벽에 씌여진 찬송가 가사를 보았습니다. 어느 그리스도인의 글이었던 것 같습니다. 그는 자신의 신앙고백을 이렇게 기록해 놓았습니다.

"그 크신 하나님의 사랑 말로다 형용 못하네."

이 저주받은 지옥 같은 수용소에서 하나님의 사랑이라니 웬일입니까? 그러나 또 다른 곳에 이런 글자가 선명하게 씌어져 있었습니다. "하나님은 여기 계십니다."

하나님은 어느 곳에나 계십니다. 은혜로운 곳, 아름다운 곳에만 계시는 것이 아니라 상처받은 곳, 고통이 있는 곳에도 계십니다. 우리 고통은 우리의 것만이 아닙니다. 우리의 상처도 우리 것만이 아닙니다. 우리가 상처를 받아 고통스러워할 때에 우리 주님께서도 똑같은 고통을 겪고 계십니다. 그러므로 상처도, 고통도 주님만이 아십니다.

10

깨뜨릴 줄 아는 자의 지혜

한 시골 처녀의 간증입니다. 집이 너무 가난하였습니다. 중학교를 겨우 마쳤습니다. 취직자리를 구해도 얻지 못했습니다. 결국 서울로 올라와서 식모로 가게 되었습니다. 식모로 살면서도 주인의 허락을 받아 신앙생활을 잘 하였고 5년 동안 돈을 착실히 모았습니다. 시집갈 돈을 장만하려는 것이었습니다. 그녀가 다니던 교회는 건축 중인 교회였습니다. 건축 마무리 단계였는데 밀린 돈이 많았습니다. 어느 주일날이었습니다. 예배 후 광고를 하는데 건축 마무리를 앞두고 중단하게 되었다고 했습니다. 밀린 인건비 때문에 내일 인부들이 행패를 부릴지 모른다는 이야기도 했습니다. 이 처녀는 5년 동안 월급을 모은 은행 저금통장과 도장 그리고 비밀번호를 적어 모두 헌금으로 드렸습니다. 목사님이 놀라서 물었습니다.

"시집은 어떻게 가려고 그래?"

처녀가 말했습니다.

"하나님께 다 맡겼어요. 하나님이 나를 사랑하시니까요."

삶에 희망과 행복을 주는 아름다운 77가지 이야기

목사님은 헌금을 받았지만 갖은 고생을 하며 소중히 모은 돈이라고 생각하니 마음이 아팠습니다. 붙들고 간절히 축복기도를 하였습니다. 눈물로 기도하였습니다. 교인들은 처녀의 마음에 감동이 되어 한 번 더 힘을 냈습니다. 건축이 완성되었습니다. 그런데 교회에 큰 사업을 하시는 장로님이 계셨습니다. 장로님이 이 소식을 듣고 말했습니다. "무조건 우리 며느리다."

그 처녀는 그 장로님의 아들과 결혼을 하게 되었습니다. 그녀는 가장 중요한 것이 무엇인지 알았습니다. 때문에 오랜 시간동안 손에 쥐고 있던 것을 놓고, 가장 중요한 것을 잡았습니다. 예수님 발 앞에 향유옥합을 깨뜨린 마리아 또한, 가장 중요한 것이 무엇인지 알았습니다. 지금 당신에게 가장 중요한 것은 무엇입니까? 그것을 깨뜨리는 역사가 있기를 소망합니다.

시들지 않는 배꽃

아버지의 재산을 훔쳐서 도망갔던 아들이 불량배들과 어울려 생활하다가 그 많은 재산을 다 탕진하고 말았습니다. 실패와 절망 속에서 고민하던 아들은 목숨을 끊기로 결심했습니다. 그런데 죽기 전에 마지막으로 아버지께 용서를 구해야겠다는 생각이 들어 편지를 썼습니다.

"아버지, 아버지의 재산을 탕진한 못난 아들을 용서해 주세요. 이제 마지막으로 아버지께 용서를 구하고 싶어서 일주일 뒤에 기차를 타고 우리 집 앞을 지나가려고 합니다. 저를 용서하신다면 집 앞에 있는 배나무에 흰 손수건을 걸어 놓아 주세요. 손수건이 걸려 있으면 제가 집으로 들어가고 만일 손수건이 없으면 그냥 지나가겠습니다."

드디어 약속된 날이 되어서 아들이 기차를 타고 집 앞을 지나가게 되었습니다. 아들은 손수건이 걸려 있지 않으면 어쩌나 불안한 마음으로 창밖을 내다보고 있었습니다. 그런데 멀리서 보니 집 앞 배나무에 때 아닌 배꽃이 만발해 있는 것이었습니다. 아들은 깜짝 놀랐습니다. 잠시 후 기차가 집 앞을 지나갈 때 아들은 한 번 더 놀랐습니다. 배나무에 걸려 있는 수없이 많은 흰 천들이 마치 배꽃이 활짝 핀 것처럼 바람에 흔들리고 있었습니다. 아들이 혹시 손수건이 걸린 것을 보지 못하고 지나갈까 염려가 된 아버지는 집안에 있는, 흰 천을 모두 찢어서 배나무 가지마다 걸어 놓으신 것입니다.

성경의 탕자와 아버지의 포옹 또한 배나무의 흰 천과 같이 특별한 것이었습니다. 아버지가 그를 보고 측은히 여겨 달려가 목을 안고 입을 맞추었습니다. 제일 좋은 옷을 입히고, 손가락에 가락지를 끼워주었습니다. 죽었던 아들이 다시 살아났으며 잃었다가 다시 얻었다고 했던 아버지의 말은 바로 우리 주님의 말씀이었습니다. 방황하고 있습니까? 방황의 고리를 끊고 주님께 돌아오십시오. 주님은 언제나 여러분을 향해서 배나무에 흰 천을 365일 묶어 놓고 기다리고 계십니다.

동행하는 자의 기쁨

영국 청년 리빙스턴이 로버트 모팻의 아프리카 탐험 여행기를 읽고 있었습니다. 이런 말이 눈에 띄었습니다. "나는 아프리카 고원에서 마을들을 내려다본다. 저 많은 집에 수많은 생명들이 사는데 예수를 아는 사람은 단 한명도 없을 것이다. 언제 저들도 구원의 복음을 들을 날이 올 것인가?"

그 순간 리빙스턴의 가슴이 뜨거워졌습니다. 사명이 들어오는 순간이었습니다.

"나는 아프리카로 간다. 그곳의 영혼을 구원한다."

리빙스턴은 아프리카 원시림에 뛰어들었습니다. 그들의 언어를 배웠습니다. 짐승에게 물려 죽을 뻔 하기도 했고, 야만인의 습격을 받고 잡혀 죽을 뻔 하기도 하였습니다. 그러나 리빙스턴은 어려운 환경 속에서도 굴복하지 않았습니다. 가뭄과 홍수와 싸우며 오직 영혼 구원에 전념하였습니다. 그는 걸어서 1만 1천 마일(17,600km) 전도여행을 하였습니다. 1873년 5월 1일, 그의 시체가 알라라 마을 움막 속에서 발견되었습니다. 기도하는 자세로 엎드려 죽었습니다. 그의 마지막 일기에는 이렇게 기록되어 있었습니다.

"오늘도 살아 계신 주님과 함께 일했다."

여러분은 매일 누구와 일을 합니까? 오늘도 주님과 함께 일을 했다던 리빙스턴의 고백처럼 우리네 삶 또한 언제나 주님과 동행하는 삶이 되어야 합니다. 주님과 함께 일을 한다고 생각하면 아무리 작은 일이라고 할지라도 아무리 보잘것없고, 힘든 일이라고 할지라도 기쁨으로 그 일을 감당할 수 있을 것입니다. 리빙스턴은 마지막 순간에도 하나님과 함께 일을 하는 기쁨을 소유하고 있었습니다. 그 기쁨이 여러분의 것이 되시길 소망합니다.

13

가지의 운명

제임스 무어James W. Moore의 「다 실패했을 때」라는 책에 나오는 사업가 '로버트'의 이야기입니다. 그는 보스턴의 주택단지 개발업자로서 3,200만 달러의 자본금으로 운영하던 큰 사업가였지만, 자금 사정이 악화되어 파산하고 맙니다. 가슴이 답답해 견딜 수가 없었습니다. 그래서 길가에 차를 세우고 교회에 들어가 예배를 드렸습니다. 구석진 자리에 앉아서 눈물로 간절히 기도했습니다.

"주님, 저를 살려 주십시오. 살 길이 없습니다. 어떻게 해야 될지 알 수 없습니다. 그저 막막합니다."

교회 다니며 눈물을 흘리기는 평생 처음이었습니다. 목사님의 설교는 회당장 야이로가 예수님을 의지했더니 죽은 딸이 살아났다는 내용이었습니다. 그런데 갑자기 그 말씀이 가슴을 방망이로 마구 치는 것 같았습니다.

"왜 내 사업체가 죽었는가? 예수님과 같이 안 했기에 죽었구나! 예수님과 같이 한 야이로는 죽은 딸이 살아났다는데, 내 사업체는 왜 죽었는가? 예수님을 떠나 형식적으로 교회를 다녔기에 죽은 것이로구나!”

　로버트는 그 날 설교를 들으며 자신의 문제를 깨달았습니다. 문제는 자금도 아니고 은행도 아니었습니다. 가지인 자신이 포도나무이신 예수님께 붙어 있지 못했던 결과였습니다. 그는 포도나무이신 예수만 의지하고 살리라 다시는 예수를 떠나지 않으리라고 결단하였습니다. 그 후 그는 사업이 잘 풀려져 직원을 50명이나 고용할 정도로 성장하게 되었습니다. 결국 문제는 환경에 있는 것이 아닙니다. 예수와의 관계가 근원적인 문제입니다. 가지의 운명은 나무에 의해서 결정됩니다. 나무에 붙어있지 않은 가지는 영양분을 공급받을 수 있는 통로가 끊어지게 되므로 결국은 죽게 됩니다. 죽은 삶을 살겠습니까? 살아서 열매를 맺는 삶을 살겠습니까?

14

주인에게 돌려주십시오

로버트 멍어Robert Munger의 「내 마음 그리스도의 집My Heart Christ's Home」에 나오는 내용입니다. 멍어는 날마다 새벽에 예수를 만나겠다고 약속합니다. 그런데 바쁜 삶 가운데서 약속을 잊어버립니다. 어느 날 응접실 앞을 지나다 문이 열려 있는 것을 보고 주님과의 약속이 생각났습니다. 예수님께서 자신을 기다리신다는 생각에 문을 열고 들어가 묻습니다.

"주님, 새벽마다 기다리고 계셨습니까?"

그때 음성이 들려옵니다.

"너는 내가 필요해서 너를 찾는 줄로만 알았느냐? 나에게 너를 만나는 일은 무엇보다도 중요하단다."

그 순간 멍어는 예수님을 마음에 모셔 들였습니다. 그 후 그는 이렇게 간증하였습니다.

"저는 그분과 친해지기 위하여 제 마음의 집을 보여드렸습니다. 그러자 그분은 지저분한 서재를 깨끗하게 치워주셨습니다. 욕구를 채우던 주방을 하나님의 양식으로 채워주셨습니다. 거실을 그리스도와 대화하는 장소로 만들어 주셨습니다. 작업실에는 그분의 손길이 드러나게 되었습니다. 주님이 주시는 기쁨과 행복이 찾아왔습니다. 그러나 그것으로 부족했습니다. 저는 집문서를 그분께 맡겼습니다. 그 날 그분은 나의 삶을 받으시고 저의 주인이 되셨습니다. 영원토록 나는 그분의 것이요 그분은 나의 것입니다."

수년 동안 신앙생활을 하였어도 변하지 않는다면 이유가 있습니다. 마음속에 예수를 주인으로 모시지 않았기 때문입니다. 죄는 다른 것이 아닙니다. 내가 하나님이 되려고 하는 마음이 죄입니다. 내 삶은 나의 것이 아니라 하나님의 것인데 마치 자신이 하나님인 것처럼 마음대로 인생을 사는 것이 죄입니다. 이제 주인을 찾아주십시오. 주님께 다시 삶을 되돌려 주십시오.

15

멀지 않았습니다

어느 젊은 부부가 작은 배를 타고 강을 건너다가 예상치 않았던 폭풍을 만났습니다. 배는 파도가 치자 요동치며 흔들렸습니다. 놀란 부인은 얼굴이 흙빛으로 변했고 온 몸을 떨며 안절부절 하였습니다. 그러나 남편은 요동하지 않고 아무 일도 없는 것처럼 하늘을 나는 기러기를 한가롭게 바라보았습니다. 아내는 조급해져서 물었습니다.

"여보, 이게 얼마나 위험한 풍랑인데 그렇게 여유만만해요? 불안하지 않아요?" 그는 대답 대신 칼을 꺼내들고 아내를 겨누며 말했습니다. "당신 무섭소?"

부인은 "아니요."라고 대답했습니다. 남편이 다시 아내에게 말했습니다. "내가 한 번만 휘둘러도 당신은 죽을 텐데 그래도 안 무섭소?"라고 하자 부인은 "안 무서워요."라고 했습니다. 그녀는 진정으로 대답하였다.

"그래요. 한 번만 휘둘러도 내 목숨을 잃을 만 해요. 이 칼이 도적의 손 안에 있다면 당연히 무서워하겠죠. 그런데 지금 이

삶에 희망과 행복을 주는 아름다운 77가지 이야기

칼은 당신 손에 있어요. 나는 당신이 나를 해치지 않을 것을 아니까 하나도 무섭지 않아요.”

남편이 말했습니다.

“맞았어. 당신이 방금 이 풍랑이 왜 무섭지 않느냐고 물었지? 나는 이 풍랑이 나를 사랑하는 아버지 손안에 있다고 믿어. 하나님이 허락하시지 않는다면 내 머리카락 하나도 땅에 떨어지지 않을 거야. 그래서 조금도 안 무서워.”

부인은 이 말을 듣고 살며시 웃었습니다. 마가복음 7장의 말씀에도 예수님이 배에 오르시자 바람과 풍랑이 그쳤습니다. 인생의 배 위에 주님과 함께 올랐을 때 우리는 주님과 함께 평안할 수 있습니다. 풍랑으로 인해 인생의 배가 흔들리고 있습니까? 주님께서 선장이 되어 주실 것입니다. 그분께 인생의 키를 맡기십시오. 멀지 않았습니다. 곧, 잔잔한 바다를 경험하게 될 것입니다.

눈사람의 여유

겨울이 끝날 즈음 고드름은 무척 슬퍼졌습니다. 곧 따뜻한 봄이 되면 녹아버릴 테니까요. 그런데 곁에 있는 눈사람은 아무렇지도 않은 듯 웃고만 있었습니다. 고드름은 이상하다는 듯이 "넌 녹아서 네 몸이 사라지는 것이 두렵지 않니?" 눈사람은 빙그레 웃으며 "난 녹아서 물이 되어 산과 들에 생기를 불어넣고 꽃들을 잠에서 깨울 테야. 그리고 계속 노력해서 바다로 가려고 해. 바다는 우리 고향이거든 그러니 뭐가 두렵겠니?"

그 이후로도 겨울만 되면 고드름은 걱정으로 얼굴을 찌푸리고 지내서 몸이 야위었고, 눈사람은 희망으로 늘 웃고 지내는 덕택에 살진 모습이 되었습니다. 고드름과 눈사람은 똑같은 상황인데도 서로 다른 생각으로 인해 기쁨과 슬픔이 갈렸습니다.

하나님께선 우리에게 어려움 속에서도 이겨낼 수 있도록 소망이라는 걸 주셨습니다. **소망이 있는 삶은 늘 기쁘고 아름다울 수 있지만 소망이 없는 삶은 어두운 밤길을 등불도 없이 걸어가는 것과 같습니다.** 예수님은 부활의 소망으로 십자가의 고난도 마다하지 않으셨습니다.

우리도 소망을 가집시다. 우리의 소망은 다른 사람들에게도 나눠 줄 수 있는 소망이어야 더욱 아름다울 것입니다. 우리 주 예수 그리스도와, 우리를 사랑하시고 은혜 가운데서 영원한 위로와 선한 소망을 주시는 하나님 우리 아버지께서 친히 여러분의 마음을 격려하시고, 모든 선한 일과 말에 굳세게 해주실 것입니다. 희망을 가지십시오. 주님이 여러분의 인생을 책임져 주실 것입니다.

당신은 보석입니까? 돌입니까?

날마다 동료들에게 따돌림을 당하던 제자가 있었습니다. 실의에 빠진 그는 어느 날 스승을 만나 "스승님! 동료들이 나를 따돌리는데 아무래도 저는 너무나 비천한 존재인 모양입니다. 살고 싶지 않습니다." 조용히 듣고 있던 스승은 벽장 속에서 주먹만한 돌 하나를 꺼내주며 "너는 시장에 나가 이 돌의 가치가 얼마나 될지 알아보고 오너라." 했습니다.

제자가 시장에 나가 채소장수에게 물었습니다. "예끼! 이 사람아, 돌덩이가 무슨 가치가 있어? 갖다 버려!" 하고 소리를 버럭 지릅니다. 정육점에 갔습니다. 자세히 쳐다보던 정육점 주인이 "보통 돌은 아닌 것 같고 돼지고기 두어 근 값은 쳐 주겠소!" 하더랍니다. 그래서 이번에는 방앗간에 갔더니 "내가 돌을 볼 줄 아는데 이 돌은 보통 돌이 아니군. 쌀 한 말 값은 나가겠어!" 그럽니다.

'그럼 그렇지, 돌이 무슨 값어치가 있겠어!' 하고 중얼거리면서 돌아오는 길에 마지막으로 보석가게에 갔습니다. 보석상

주인은 무심결에 한 번 흘낏 쳐다보다가 깜짝 놀라 정밀감정을
하더니 이마에 땀을 흘리며 덜덜 떨리는 목소리로 말합니다.
"당신이 받고 싶은 액수가 얼마요? 얼마를 부르든 내가 다 주
고 사리다. 이 돌은 사실은 가격을 매길 수 없을 만큼 엄청나고
희귀한 보석이요." 깜짝 놀란 제자가 스승에게 달려왔습니다.
스승이 제자에게 말했습니다. "보아라! 네 동료들이 아무리 너
를 하찮은 돌덩이 취급을 한다고 해도 너의 가치는 네가
값을 매기는 그대로다. 중요한 것은 너는 너를 얼
마짜리로 생각하느냐이다."

여러분의 가치는 얼마입니까? 스스로 자신을 형편없는 돌덩
이로 취급하지는 않습니까? 어떤 보석이든 그것을 가치 있게
여기는 자들만이 그 보석의 진가를 알아보는 것입니다. 보석을
보아도 그것이 보잘것없는 돌덩이라고 생각하는 자들에게는
한낱 발길에 차이는 돌일 뿐입니다.

당신은 누구의 얼굴입니까?

19세기 초 미국의 작가 나다나엘 호손Nathaniel Hawthorne이 지은 '큰 바위 얼굴'이라는 소설이 있습니다. 미국 뉴햄프셔주 프랑코니아 주립공원 내 캐논 산Mt. Cannon에 있는 자연암석old man face을 주제로 한 단편소설입니다. 주인공 어니스트라는 소년의 집 앞 바위가 장엄하고 인자한 사람의 얼굴과 같아서 사람들은 큰 바위 얼굴이라고 불렀습니다. 이 고장에 전해지는 전설에 언젠가는 그 큰 바위 얼굴을 닮은 훌륭한 인물이 이 고장에 태어난다고 했습니다. 어니스트는 그 예언이 성취되어 그 성자를 만나보는 것이 평생의 소원이었습니다. 그래서 그는 매일 그 큰 바위 얼굴을 바라보며 살았습니다. 그러던 차에 그 얼굴을 닮았다는 억만장자 부자가 나타났으나 사실은 인색하기 짝이 없는 장사꾼이었으며, 다음에 장군이 나타났으나 무자비한 무인에 지나지 않았으며, 정치가가 나타나 웅변이 뛰어났지만 역시 사람을 끌기 위한 수단일 뿐이었으며, 천하에 제일가는 시인이 나타났지만 그 역시 그가 읊은 시만큼 뛰어나지 못했습니다.

이제 어니스트는 백발이 성성한 노인 전도사가 되었습니다. 그런데 어니스트가 석양녘, 사람들에게 설교할 때 동네 사람들과 천재 시인은 그 모습이 큰 바위와 같다는 것을 깨닫게 됩니다. 어니스트는 장엄과 자비라는 인간이 가질 수 있는 최고의 인품을 구비하였던 것입니다. 이것을 본 시인이 외쳤습니다. "보시오, 보시오, 저 어니스트야말로 바로 큰 바위의 얼굴 그 사람입니다!"

마침내 그 예언은 이루어졌던 것입니다. 어떻게 이루어졌을까요? 일생 그 바위를 바라보면서 그처럼 장엄하고 인자한 모습을 사모하다 보니 그렇게 닮게 되었던 것입니다. 작가 나다나엘 호손이 그 작품을 통해서 말하고 싶은 교훈이 있습니다. 그것은 예수를 바라보고 사모하라는 것입니다. 예수를 바라보고 존경하고 사모하면 예수님을 닮게 된다는 것입니다. 그것이 성경의 교훈이기도 합니다.

19

당신의 머릿속에는
검은 고양이가 몇 마리입니까?

1950년대에 클로퍼 박사는 크레비오젠이라는 항암제를 개발했습니다. 그런데 이 약은 암에 잘 듣는 약이라며 전국적인 관심을 모았지만 사실은 별로 큰 효과가 없는 약이었습니다. 박사의 환자 가운데 비행사가 한 사람 있었습니다. 그는 악성 임파종 환자였는데 호흡곤란이 와서 늘 산소마스크를 쓰고 있어야 했고 가슴에 물이 차서 2~3일마다 물을 빼줘야 했습니다. 그런데 이 환자가 클로퍼 박사에게 크레비오젠을 투여해 달라고 애원했습니다. 그의 간청대로 이 약을 투여하자 극적인 효과가 나타났습니다. 단시간 내에 종양의 크기가 줄어들고 마침내 이 환자는 비행사로서 정상적인 생활로 돌아갈 수 있게 되었습니다.

그러나 크레비오젠의 약효를 부정하는 보고가 FDA와 미국 의학협회에서 나오자 환자의 증상이 다시 악화되기 시작했습니다. 클로퍼 박사는 특수한 상황임을 직시하고 '플라시보 효

과'를 써보기로 했습니다. 즉 증류수를 주사하면서 환자를 안심시켰습니다. 지금까지 써왔던 증류수와 같았음에도 불구하고 그 효과가 나타났습니다.

환자의 증상이 다시 호전되기 시작하면서 종양이 줄어들었고 가슴에 찬 물도 없어져 마침내 다시 퇴원하여 정상생활로 돌아갔습니다. 이 환자의 믿음이 약물의 실제 효과와는 아무런 상관없이 병을 회복시킨 것입니다. 참으로 놀라운 일입니다. 그런데 그 후 크레비오젠의 항암 효과에 대해 미국의학협회와 FDA가 확정적으로 "효과 전혀 없음"을 발표한 지 며칠 안 되어 환자의 상태는 다시 악화되었고 결국 그는 사망했습니다.

병에 걸릴 것 같다는 생각을 하게 되면 우리 몸의 세포들은 병 날 준비를 한다고 합니다. 그만큼 우리가 하는 생각이 중요하다는 것입니다. 부정적인 생각과 불안정한 마음이 혹시 여러분을 흔들고 있지 않습니까? 주님 앞에 그 모든 생각을 내려놓으십시오. 생각쯤이야 여러분 뜻대로 될 거라고 자신하십니까? 그렇지 않습니다. '검은 고양이'를 절대로 생각하지 말라고 하면 더욱 더 '검은 고양이'가 생각난다는 말이 있습니다. 후에는 온통 머릿속이 검은 고양이로 가득 찬다고 합니다. 여러분의 모든 생각을 주님 앞에 내려놓으십시오. 검은 고양이와 같은 부정적인 생각은 사람의 힘으로 멈출 수 있는 것이 아닙니다. 오직 주님만이 그 일을 하실 수가 있습니다. 왜냐하면 당신을 지배하는 생각까지도 당신의 것이 아니라 주님의 것이니까요.

삶에 희망과 행복을 주는 아름다운 77가지 이야기

20

행복한 남자

　지글러는 늘 강연을 다니느라고 바빴습니다. 새벽부터 밤까지 정신없이 다녀야 했습니다. 항상 운전하랴, 쉬지 않고 강연하랴, 늘 바쁜 삶이었습니다. 어느 늦은 밤이었습니다. 지글러는 지친 몸으로 귀가하던 중 피곤에 지쳐서 운전대를 붙들고 깊이 졸았습니다. 아무리 졸음을 쫓으려고 하여도 소용이 없었습니다. 그런데 비몽사몽간에 보니 누가 운전대를 붙들고 운전해 주고 있었습니다. 파란 불이면 가고, 빨간 불이면 서고, 장애물이 있으면 피해 주었습니다. 신기하게 생각하면서도 졸면서 안마당에 차가 안전하게 도착하자 그는 운전석에서 일어나서 외쳤습니다.

　"아! 잘 잤다. 내 운전 실력이 보통이 아니네. 졸면서 운전했는데도 집까지 무사히 왔다."

　그리고 방으로 들어오는데 보니 아내는 침대 옆에 정중한 자세로 무릎을 꿇고 앉아 기도하고 있었습니다. 지글러는 물었습니다.

“여보! 무엇하는 거요?”

“당신을 위하여 기도하고 있었지요. 당신이 늦은 밤에 피곤 중에 운전하면 조는 습관이 있는 것을 알았기에 하나님께 천사를 파송하여 당신을 지켜 달라고 기도하고 있는 중이예요.”

그때 지글러가 말했습니다.

“아! 알았어요. 내가 운전할 때 누가 와서 내 운전대를 붙들고 있었어요. 그 분이 바로 당신이 기도하여 하나님께서 내게 파송하여 주신 천사였군요. 여보! 나는 행복한 크리스천이에요. 당신이 나를 위하여 기도하는 한 내 곁에는 항상 하나님이 천사를 보내어 지켜 주고 계시기 때문이에요. 난 행복한 크리스천이에요.”

삶에 희망과 행복을 주는 아름다운 77가지 이야기

21

용서

    1944년, 미국 텍사스의 큰 교회에 35세의 나이로 담임목사로 부임한 한 목사님이 있었습니다. 그분에겐 사냥이란 특이한 취미가 있었습니다. 어느 날, 그분은 사냥을 나가서 멀리 노루 한 마리를 보고 정조준을 해서 쐈습니다. 가까이 가 보니 노루가 아니라 사람이 총을 맞고 즉사한 상태였습니다. 목사님은 앞이 캄캄했습니다. '이제 내 인생은 끝났다!'고 생각했습니다. 곧 교회에 돌아와 그 사실을 알렸습니다. 교회와 언론이 들끓었습니다. 결국 그 목사님은 죄책감과 좌절감을 못 이겨 담임목사 직을 사임했습니다. 그때 전혀 예상치 못한 일이 벌어졌습니다. 전 교인들 사이에 이런 얘기들이 오고 갔습니다.

    "이제 사람 죽인 젊은 목사님을 어느 교회가 받아주겠습니까? 우리 교회가 용서하지 않으면 목사님은 평생 갈 곳이 없습니다. 지금 우리는 최고의 결정을 해야 할 기회를 만났는데, 이 기회에 목사님을 한번 용서합시다."

    교인들의 용서로 그분은 계속 그 교회에 남게 되었고, 그 뒤부터 그분 목회의 중심철학은 '용서'였습니다. 그분이 미국에서 가장 큰 교회 중 하나인 달라스 제일 침례교회의 담임목사로 있었고 54권의 저서를 쓴 크리스웰W. A. Criswell 목사님입니다. 크리스웰 목사님은 교인들로부터 받은 용서의 은혜를 2002년 93세에 죽을 때까지 평생 잊지 못했습니다. 특별히 용서에 관해 설교할 때에는 매번 눈물을 펑펑 쏟았고, 끊임없이 용서의 삶을 실천하며 살았습니다. 그분은 말했습니다.

"우리는 먼저 용서 받았기에 평생 용서하며 살아야 합니다. 예수님께서 우리를 용서하시기 위해 십자가에 달리셨던 것처럼 용서하면 당신의 쓰리고 아픈 마음도 치유될 것입니다."

용서라는 단어를 국어사전에서 찾아보았습니다. 국어사전은 '지은 죄나 잘못한 일에 대하여 꾸짖거나 벌하지 아니하고 덮어줌'이라고 정의하고 있습니다. 우리는 가끔 상대방이 나에게 잘못을 했을 때 이해하고 넘어가는 정도를 '용서'라고 생각합니다. 하지만 국어사전에서 말해주는 용서란 이해의 수준을 넘어서 상대방이 지은 죄를 꾸짖지 않고, 벌하지도 않고, 덮어주는 것이라고 말하고 있습니다. 여러분은 자신에게 잘못을 범한 상대방을 이해했습니까? 아니면 용서했습니까? 부디 상대방을 용서하는 여러분이 되시길 소망합니다.

22

나침반이 필요합니다

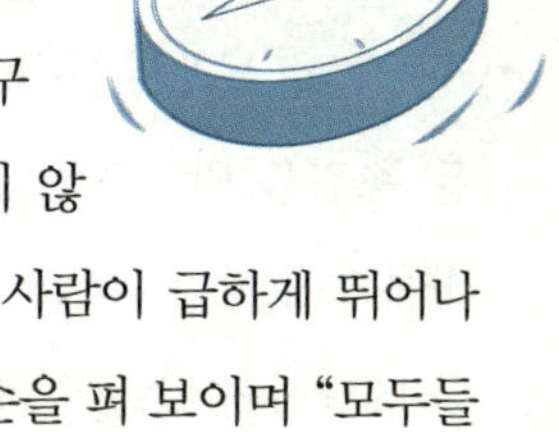

어느 날 항해를 하던 선박이 큰 폭풍을
만났습니다. 그래서 급하게 선원들이 구
명보트에 옮겨 탔는데 한 사람이 보이지 않
았습니다. 구명보트에 거의 탔을 때 그 사람이 급하게 뛰어나
왔습니다. 그리고 자기가 꼭 쥐고 있던 손을 펴 보이며 "모두들
나침반을 잊고 나왔기에 제가 가져왔습니다."라고 말했습니다.
그 나침반이 있었기에 그들은 큰 폭풍 중에서도 길을 잃지 않
았습니다.

우리의 인생에 있어서 환란의 파도가 왔을 때 가장 중요한
것은 성급한 행동이 아니라 방향을 정하는 일입니다. 어디에
방향을 맞춰 나가느냐에 따라 파도는 축복이 될 수도 있고, 끝
없는 고난이 될 수도 있습니다. 마가복음 4장에 나오는 예수님
의 제자들은 어떠했습니까? 배를 흔들어 놓는 파도에 그들은
믿음까지 흔들리게 되었습니다. 성급한 판단으로 제자들은 자
신들이 죽게 된 것을 돌보지 아니하는 주님을 원망했습니다.

그런 제자들에게 예수님께서는 바람을 꾸짖으시고, 바다더러 잠잠하고 고요하라고 명하시자 바람이 그치고 아주 잔잔해졌습니다. 그 뒤 예수님께서는 그들의 믿음 없음을 꾸짖으셨습니다.

믿음에 방향을 맞춘다면 우리는 그 어떤 풍랑을 만나도 길을 잃지 않을 것입니다. 믿음의 나침반을 소유하기 위해서는 말씀과 기도, 성령의 도우심이 필요합니다. 주님께 삶의 안테나를 맞추고 그분께 모든 초점을 맞추려는 의지가 필요합니다. 그러므로 우리는 늘 마음속에 나를 올바른 곳으로 인도해줄 나침반이 있는지 자신을 체크하며 살아야 할 것입니다.

삶에 희망과 행복을 주는 아름다운 77가지 이야기

23
멋있는 책임

　일본이 제2차 세계대전에 패망하고 다시 재건하여 오늘의 경제대국이 될 수 있었던 데는 두 가지 이유가 있다고 합니다. 하나는 일본이 망할 때 히로이또 천황이 "모든 군국주의자들을 처단하지 말라. 모든 책임은 나에게 있다. 나를 처단하라." 고 말한 것이 그 첫 번째 이유입니다. 결국 처단을 못했지만 자신을 처단하라고 한 그 지도자는 위대하다는 것입니다. 또 하나는 시골의 농부가 목욕재계하면서 일본이 망한 것은 자기 때문이라고 눈물을 흘리며 말한 것입니다. 지도자든 백성이든 이 나라 민족의 모든 책임은 나에게 있다고 말했던 것이 오늘의 일본을 만들었습니다.

　요즘 시대에는 자진해서 책임을 지려는 사람이 없습니다. 자신이 저지른 잘못조차도 다른 사람에게 책임을 씌우려고 합니다. 이렇게 경제가 어려워진 것은 모두 정치인의 책임이요, 대통령의 책임이라고 말합니다. 그 누구도 자신의 책임이라고 말하지 않기 때문에 사람들은 서로 불신하게 되고, 그러는 중에 경제는 계속해서 어려워집니다.

 예수님도 십자가를 지실 이유가 없었지만 우리 죄를 담당하시기 위해 십자가를 지셨습니다. 성숙한 그리스도인이라면 다른 사람에게 책임을 전가할 것이 아니라 책임과 의무에 충실할 줄 알아야 할 것입니다. 직장에서 나의 책임, 한 가정의 가장으로서 책임, 교회의 직분을 맡고 있는 자로서의 책임, 자녀로서의 책임, 부모로서의 책임 등 각자에게 주어진 책임이 있습니다. 이 책임은 하나님이 주신 것이기도 합니다. 십자가를 지신 예수님의 마음으로 각자의 자리에서 책임을 다하는 성숙한 그리스도인이 되시기 소망합니다.

삶에 희망과 행복을 주는 아름다운 77가지 이야기

24

주님의 선물인 더하기

어느 주일날 아들이 아버지의 손을 잡고 교회에 와서 예배를 드렸습니다. 그 아이는 귀를 기울여 말씀을 듣고 있었습니다. 한참동안 말씀을 듣던 아이가 갑자기 눈망울이 초롱초롱하게 열심히 무언가를 보고 있었습니다. 예배를 마치고 돌아오는 길에 아버지가 아들에게 물었습니다.

"애야, 너는 오늘 교회에서 무엇을 보고 왔니?"

"저는 교회에 가서 더하기를 보고 왔어요."

이 아이는 강단에 있는 십자가를 더하기로 본 것입니다. 그렇습니다. 사도행전 2:21에 누구든지 주의 이름을 부르는 자는 구원을 얻는다고 했습니다. 우리가 예수님을 내 마음의 주인으로 모시면 인생에서 가장 큰 구원이라는 더하기를 선물로 받게 되는 것입니다. 그 더하기는 세상의 어떤 금보다도 다이아몬드보다도 더 귀한 더하기입니다. 때문에 많은 금과 돈으로도 살 수가 없는 존귀한 것입니다.

현대인들은 많은 것을 가진 듯 보이지만 마음에 사랑과 희망

이 결핍되어 있습니다. 파스칼은 인간은 하나님을 만나기 전에
는 빈 가슴이라고 말했습니다. 우리의 외로움과 고독함의 구멍
을 그 누구도 채울 수가 없습니다. 그 빈 가슴을 채워보려 술을
마시고, 사람에게 의지를 하지만 점점 더 외로움의 구멍만 커
져 갑니다. 외롭습니까? 희망이 없습니까? 주님 앞에 나오십시
오. **주님께서는 여러분의 빈 가슴이 아무리 크다
할지라도 채워주실 것입니다.** 그동안 나의 외로움을 채
우기 위해 사용되었던 세상의 도구들을 이제는 내려 놓으시고
주님 앞에 나아오십시오. 주님께서 구원이라는 더하기를 선물
로 주실 것입니다.

삶에 희망과 행복을 주는 아름다운 77가지 이야기

25

죽은 행복과 살아 있는 행복

'The Record'라는 잡지의 스포츠면에 뉴욕 메츠의 투수인 '팀 버크Tim Burke'의 이야기가 실렸습니다. 그들은 세 명의 아이들을 입양하였습니다. 문제가 있는 아이들을 양자로 삼은 것입니다. 첫 딸 '스테파니'는 한국 고아인데 3개월 반의 조산아로 심장에 구멍이 뚫려 혈관을 다른 데로 돌려야 하는 심장 수술을 받아야만 했습니다. 두 번째로 입양한 아들 '라이안'은 과테말라에서 입양한 아이로 갑상선에 문제가 있을 뿐 아니라 정신질환의 위협도 있었습니다. 세 번째로 입양한 딸 '니콜'은 오른손이 없는 한국 여자아이였습니다. 이런 아이들을 입양한 이유를 부인 크리스틴은 이렇게 말합니다.

"우리는 불쌍한 이 아이들의 운명을 바꾸어 놓았습니다. 왜냐하면 아무도 그들을 돌보지 않으면 죽을 아이들이었으니까요. 이 아이들을 키우면서 우리 부부가 깨달은 것은 오히려 이 아이들이 우리 운명을 바꾸어 놓았다는 사실입니다. 그들은 우리에게 감사를 알게 하고, 행복을 깨닫게 해 주었습니다. 그리고 고통을 극복할 힘을 주고 참 그리스도인이 되게 하였습니다."

생활에서 충분한 만족과 기쁨을 느끼는 흐뭇한 상태를 행복이라고 합니다. 행복한 사람들에게는 혼자라는 느낌이 별로 없습니다. 주님이 늘 함께 하시기 때문입니다. 행복은 자신이 혼자라는 사실을 느끼지 않아도 되는 인생을 말합니다. 그러므로 행복은 내가 소유하는 것이 아니라 주님 안에서 지켜나가야 하는 것입니다.

세상의 많은 사람들이 행복해지는 방법에 대해서 생각하고, 연구합니다. 그러나 인간이 만들어낸 행복은 공장에서 똑같이 찍어낸 마네킹처럼 같은 모양으로 움직이지 않습니다. 아무리 아름답게 만들어 놓아도 죽어 있는 마네킹과 같은 거짓되고 죽은 행복입니다. 그러나 주님이 주시는 행복은 전염성이 있습니다. 활발합니다. 이 행복은 많은 사람을 살립니다. 그 행복의 핵심에 예수 그리스도가 있기 때문입니다.

삶에 희망과 행복을 주는 아름다운 77가지 이야기

26

상처가 부른 살인

2000년 2월 25일 고대생이 자기 아버지 어머니를 죽인 사건이 일어나 온 나라를 놀라게 하였습니다. 그것도 시체를 너무나 잔인하게 토막을 내어 죽였습니다. 아버지는 완벽주의자 군인 출신이었고, 어머니는 영부인을 꿈꾸던 꿈 많은 여인이었습니다. 아버지는 완벽주의자라 늘 아내를 들볶았고, 어머니는 아들을 일류로 만들려고 늘 잔소리였습니다. 상처가 전가되는 집안이었습니다. 아버지 어머니는 아들을 완벽하게 길러 보려고 늘 상처를 주었습니다. 살인범이 된 아들의 일기에서 이런 구절들이 발견되었습니다.

"시계 보는 법을 매 맞으면서 배웠다. 유치원 때 운동화 끈 못 맨다고 매를 맞았다. 초등학교 때 대변 검사하는 것을 이야기하지 않았다고 밤늦게 쫓겨날 뻔하였다. 초등학교 3학년 때 밥을 늦게 먹는다고 아버지가 젓가락을 던져서 유리창에 금이 갔다. 초등학교 4학년 때 전화 받은 것을 잘못 전달했다고 구타를 당하였다. 초등학교 6학년 때 과천고등학교에 못 들어 갈 것

같다면서 혼이 났다. 중학교 때 키가 작아 큰 사람이 되지 못할 것 같다면서 혼이 났다. 나는 지금까지 모욕만 당하고 살고 있다.”

그는 어머니를 토막 내고 그 시체 앞에서 이렇게 중얼거렸습니다.

“엄마! 미안하다고 말하기가 그렇게 힘들었나요? 미안하다는 말 한 마디만 들었더라면… 그 한 마디만 했으면…”

험악한 세상에 살면서 우리는 너무도 많은 가시에 찔려 상처투성이로 살아가고 있습니다. 가정에서, 사회에서 저마다 우리를 찌르는 가시가 있고 그로 인해 사람은 누구나 상처가 있습니다. 지나간 잘못된 삶들이 가시가 되어 우리의 영혼을 찌르고 있습니다. 이 가시에 찢기고, 상한 우리의 영혼은 아픈 상처로 인해 숨을 헐떡이고 있습니다. 십자가 위해서 가시 면류관을 쓰신 주님의 보혈만이 우리의 상처난 영혼을 치료할 수 있습니다.

사람은 누구나 다 상처를 받습니다. 상처는 어떻게 치료하느냐가 중요한 것입니다. 주님의 보혈의 피를 의지할 때 상처는 아물 것입니다.

27

내면의 얼굴

탈무드에 나오는 이야기입니다. 나그네가 지나가는데 흙에서 향기가 진하게 풍겼습니다. 나그네는 흙을 한 줌 집어 봇짐 속에 넣었습니다. 여기로 가도, 저기로 가도 나그네 몸에서 향기가 풍겼습니다. 너무나 진하고 좋았습니다. 나그네는 여인숙에 괴나리봇짐을 풀어 놓고 그 흙을 한 줌 올려놓고 물어 봅니다.

"향기 나는 흙아! 너는 인도의 사향이냐? 바그다드의 순향이냐?"

"나는 흙에 불과합니다."

"그런데 어떻게 그렇게 향기가 나니?"

"내 위에는 향내나는 백합꽃이 피여 있었지요."

우리의 성품이 아예 하나님 사랑으로 염색되어져 있어서 하나님 사랑이 몸에서 배어 나오기를 사모합니다. 사람에게는 두 가지의 성품이 있습니다. 하나는 돼지 같은 성품이요 하나는 양같은 성품입니다.

어느 농부가 돼지를 집 안으로 끌고 와서 목욕을 시켰습니다. 그리고 나서 발톱을 깎아주고, 전신에 향수를 뿌리고, 리본을 매어준 후 안방에 들여 놓았습니다. 돼지는 몇 분 동안 주인과 손님들에게 훌륭한 애완동물 노릇을 했습니다. 그러나 방문이 열리자마자 방에서 뛰어나와 제일 먼저 눈에 띄는 시궁창으로 뛰어들어갔습니다. 왜냐하면 돼지의 본성이 그렇기 때문입니다. 비록 외적인 모양은 변했으나 내면적으로는 변한 것이 하나도 없기 때문입니다.

그러나 이번에는 돼지가 아닌 양을 안방에다 똑같이 넣었다가 마당에 풀어 놓았습니다. 그랬더니 양은 더러운 시궁창 같은 곳은 의식적으로 피하며 지나갔습니다. 예수님을 믿는다는 것은 돼지같은 옛 성품은 버리고, 새로운 양의 성품으로 사는 것을 의미합니다. 성경은 누구든지 그리스도 안에 있으면 새로운 피조물이라고 했습니다. 진정한 성도라면 내면의 모습까지도 양의 모습으로 바뀌어야 합니다. 겉모습은 양의 모습을 하고 있지만 내면은 여전히 돼지의 모습을 가지고 살아가는 사람들이 많습니다. 여러분의 내면은 어떤 얼굴입니까? 돼지의 얼굴입니까? 양의 얼굴입니까?

삶에 희망과 행복을 주는 아름다운 77가지 이야기

28

나보다 남을 생각하는 삶

월남 전쟁 때에 있었던 사건입니다. 적에게 포위되어 일개 소대가 굶어 죽게 되었습니다. 그런데 굶주림보다 먼저 온 것이 목마름이었습니다. 모두 목말라 오줌을 받아 마실 때였습니다. 판초 우의를 깔아 놓고 아침에 일어나 이슬이 맺히면 그것을 빨아 먹을 때였습니다.

한 병사가 적진을 뚫고 들어가서 허리에 차는 조그만 수통으로 물을 한 통 길어 왔습니다. 10명에게 물은 겨우 한 통뿐이었습니다. 한 명이 마셔도 시원치 않은 물입니다. 둘러앉았습니다. 수통이 돌아갑니다. 서로 혀에 물을 묻히고 돌리기 시작하였습니다. 마지막 사람은 아예 포기하고 있었습니다. 그러나 마지막 사람이 가장 많은 물을 마셨습니다. 마지막 사람이 물을 마시지 못 할까봐 걱정하면서 조금씩 입만 축였기 때문입니다.

한 엄마가 불치병에 걸려서 죽을 시간이 가까워짐을 느꼈습니다. 그녀는 어린 딸을 옆에 앉히고, 하염없이 눈물을 흘리고 있었습니다. 그 눈물은 사랑하는 딸을 두고 가야 하는 엄마의 슬픔 어린 눈물이었습니다. 그런데 어린 딸아이가 한숨을 쉬며 "엄마가 죽으면 곤란한데…"라고 말하는 것입니다. 엄마가 왜 냐고 묻자 딸이 "엄마가 오래 살아야 내 도시락 싸주고, 대학 졸업시키고, 그리고 결혼도 시킬 텐데…"라고 말하는 것이었 습니다. 그 순간 그 엄마의 눈에서 눈물이 싹 그치더랍니다.

현대인은 너무 영악합니다. 지금 세상을 움켜쥐고 있는 것은 이기주의입니다. 우리는 저마다 남들을 이익의 도구로 여기고 이용하기 위해 혈안이 되어 있는 세상에서 살고 있습니다. 예 수님께서는 내 이웃을 내 몸과 같이 사랑하는 것 이 곧, 율법의 완성이라고 하셨습니다. 하나님의 아들이셨지만 그분은 가장 낮은 자의 모습으로 이 땅 가운데 오셨습니다. 주님을 본받아 나보다 남을 먼저 생각하고, 배려하는 성도가 되시기 바랍니다.

삶에 희망과 행복을 주는 아름다운 77가지 이야기

29

감사와 은혜는 쌍둥이

어느 대머리 남자가 감사할 조건 5가지를 써놓은 것을 보았습니다.

나는 머리가 거의 다 빠지고 몇 개 안 남은 대머리다. 그런데 생각해 보니 감사하다.

1. 이발하는 데 시간이 걸리지 않아서 감사하다.

2. 샴푸나 비누가 적게 들어 물자가 절약되어 감사하다.

3. 하나님이 나를 예쁘다고 쓰다듬어 주신 증거라고 생각하니 감사하다.

4. 하나님을 골치 아프게 만들지 않을 것이니 감사하다. 하나님은 머리털까지 세는 분이신데 내 머리는 세기 편할 것이니 감사하다.

5. 여자들은 대머리가 없으니 여자들이 나를 볼 때마다 감사하게 되니까 감사하다.

이렇게 감사할 줄 아는 사람들은 어떠한 조건

속에서도 감사할 것들을 찾아냅니다.

어떤 분이 교회에 나와서 은혜를 받았습니다. 은혜를 받고 나니 두 가지가 달라졌다는데, 하나는 자기가 죄인이라는 것을 알게 된 것입니다. 전에는 자기만 잘났고, 자기만 의로워서 다른 사람을 정죄하며 살았는데, 이제 알고 보니 죄인이더라는 것입니다. 또 하나 달라진 것은 감사할 것이 많아졌다는 것입니다. 항상 불평불만인 삶이 그저 감사가 되고, 화가 날 때 감사를 10번 하니까 모든 일이 잘 풀리더라고 고백합니다.

여러분, 자신이 죄인이라는 것을 깨닫게 되면 사람은 감사할 것이 많아집니다. 죄인인 나를 위해서 하나님께서 베풀어 주신 은혜가 너무도 귀하고, 크기 때문입니다. 감사가 없고 불평하는 사람들의 대부분은 자신이 죄인이라는 것을 인정하지 않습니다.

하나님의 은혜를 누리고 싶으십니까? 먼저 감사하십시오. 감사와 은혜는 쌍둥이처럼 항상 같이 따라 다닙니다. 감사가 있는 곳에 은혜도 있습니다. 하나님께서 감사의 양만큼 은혜를 베풀어 주십니다.

삶에 희망과 행복을 주는 아름다운 77가지 이야기

30

성공자의 화살

1970년대 말 헤럴드 모르위츠 과학자가 이런 말을 하였습니다. 사람 하나를 과학적으로 연구하여 만들려고 하면 6천조 달러가 든다는 것입니다. 심장 만들고 허파 만들고 위 만들고 내장을 만듭니다. 모든 장기를 자동적으로 돌아가게 만들려고 하면 그렇게 많은 돈이 듭니다. 가정에서 아이 하나가 태어나면 6천조 달러가 생기는 것입니다. 온 천하보다 귀한 보물덩어리가 생긴 것입니다.

유명한 칼릴 지브란이 말하기를 "부모는 활이요, 자녀는 화살이며, 하나님이 궁수가 되어 목표지점을 향하여서 멀리 당길 때, 화살은 그 과녁을 향해서 나간다."고 했습니다. 화살은 쏘는 대로 나갑니다. 우리는 날마다 어디로 화살을 쏘고 있습니까? 세상입니까? 아니면 주님께입니까? 자식을 향한 소원이 무엇입니까? 자식들이 출세하는 것입니까? 행복하게 사는 것입니까?

여러분의 자녀들이 행복하게 살기를 원하신다

면 그 아이를 행복의 길로 쏘아야 합니다. 그 행복의 길은 바로 하나님이십니다. 하나님께로 쏜 화살은 하나님께서 영광을 받고, 우리에게도 복이 됩니다. 그러나 그 화살을 하나님께로 쏘지 아니하면 결국은 그 화살이 자기에게 돌아와 제 가슴을 멍들게 하고, 또한 상처를 내고, 제 자식 때문에 눈물 흘리는 비참한 부모가 될 것입니다. 여러분, 오늘 우리의 자녀들이 하나님을 향하여 쏘아진 성공자의 화살이 되시기를 축원합니다.

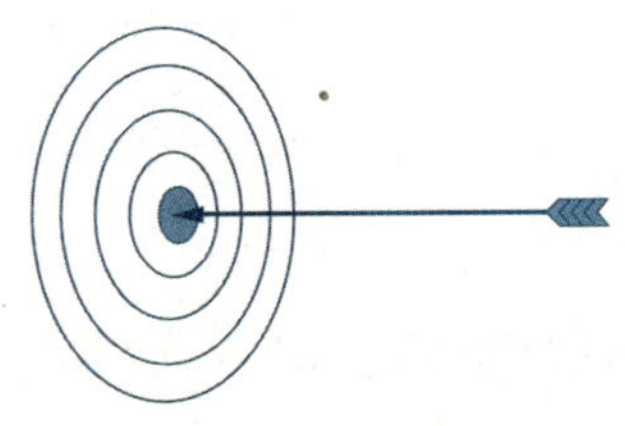

삶에 희망과 행복을 주는 아름다운 77가지 이야기

31

효도는 의무가 아니라 권리입니다

옛날에 임금님이 시골로 행차하게 되었습니다. 모든 사람들이 가까이에서 임금님을 한번 보고 싶어 하였습니다. 임금님이 지나가신다고 하여 원근 각처에서 길 양쪽으로 많은 사람이 모여 들었습니다. 그런데 어느 마을에 살고 있는 늙은 어머니가 아들에게 말했습니다.

"아들아! 나도 임금님 얼굴을 보고 싶다." 이 말을 듣고 아들은 어머니를 모시고 70리를 걸었습니다. 그리고 길가로 갔습니다. 사람들이 많아서 어머니가 임금님을 볼 수 없었습니다. 아들이 엎드렸습니다. 어머니가 그 위에 올라가서 임금님을 보고 있었습니다. 임금님이 지나가다가 이 모자母子의 모습을 보았습니다. 임금이 말했습니다.

"멈춰라!"

그리고 아들에게 물었습니다.

"너는 어떻게 그렇게 엎드려 있느냐?" "어머니가 임금님을 뵙고 싶다 하셔서 제가 모셔왔습니다. 그리고 안 보이신다고 하셔서 엎드렸습니다."

"참으로 효자로고."

임금님은 그 자리에서 효자 아들에게 상을 후하게 주었습니다. 이 소문이 퍼졌습니다. 다른 마을에 아주 불효자인 아들이 있었습니다. 이 아들이 소문을 듣고 어머니를 강제로 업었습니다. 그리고 빨리 달려가서 똑같이 하였습니다. 임금은 그 모습을 보았습니다. 임금은 흐뭇해 하면서 행차를 멈추어 선 후 그 아들을 보고 말했습니다.

"이 근방에는 효자도 많구나. 기특한 일이로고."

그 불효자도 효자의 말을 그대로 흉내 내어 말했습니다.

"어머니가 임금님을 뵙고 싶다 하셔서 제가 모셔왔습니다. 그리고 안 보이신다고 하셔서 엎드렸습니다."

이 말을 듣고 있던 동네 사람들이 말했습니다.

"아닙니다, 임금님. 저 놈은 흉내를 내는 것입니다. 불효자로 소문이 난 놈입니다."

이 말을 들은 임금님을 껄껄 웃으면서 대답하였습니다.

"효도를 흉내 내는 것은 좋으니라."

그리고 불효자에게도 상을 후하게 주었습니다.

효도는 하나님의 명령입니다. 그러므로 자녀 된 자는 마땅히 부모에게 효도해야 합니다. 대부분의 사람들이 효도는 의무라

고 생각합니다. 그러나 효도는 권리입니다. 부모를 공
경하는 것은 사람이 할 수 있는 가장 큰 축복이고,
인간이 누릴 수 있는 가장 큰 권리입니다.

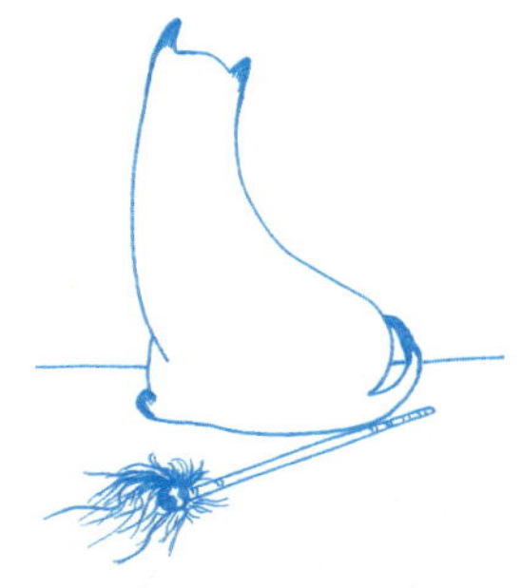

32

염려를 맡기라

이스라엘에 유월절이 다가오고 있었습니다. 한 남자가 와서 랍비에게 고민스럽게 말했습니다.

"랍비님! 저 걱정거리가 많아서 왔습니다."

"무슨 걱정이 그렇게 많은가?"

"유월절이 다가오는 데 포도주 살 돈도 없고, 무교병 살 돈도 없고, 아내 옷 사줄 돈도 없습니다. 게다가 딸 두 아이도 옷을 사달라고 야단입니다. 걱정거리뿐입니다."

가만히 듣던 랍비가 말했습니다.

"모두 얼마인가?"

"포도주 살 돈 2만 원, 무교병 1만 원, 아내 옷 10만 원, 딸 옷 5만 원씩 모두 10만 원입니다."

"합해서 얼마인가?"

"23만 원입니다."

"다 걱정하지 말고 23만 원 걱정 하나만 하게."

염려와 근심은 '살인마'라는 말이 있습니다. 그래서

하나님은 성경을 통해서 우리들에게 염려하지 말라고 무려 550
번이나 기록하셨습니다. 염려는 가시떨기에 떨어진 씨앗처럼
말씀의 기운을 막아 말씀이 자라지 못하도록 합니다. 염려는
중독성이 있습니다. **한 번 시작된 염려는 강한 중독성
으로 사람의 영혼과 상황을 옭아맵니다.** 그러므로
우리는 처음부터 염려라는 마약이 생각 속에 침투하지 못하도
록 조심해야 합니다.

　사람의 생각을 병들게 하는 염려가 얼마나 무서운 것인지 사
도 바울은 일찍부터 알고 있었기 때문에 염려에 대해서 경고하
고 있습니다. 그만큼 염려는 무익한 것이요 인간의 생명을 해
롭게 하는 것이며 이 사회와 영혼을 병들게 하는 것입니다. 그
러기에 하나님은 우리에게 이 모든 염려를 전부 맡기라고 말씀
하십니다.

33

한계가 없는 의지

링컨이 변호사로 있을 때였습니다. 한 사람이 찾아와서 재판에서 자기를 변호해 달라고 부탁했습니다. 그런데 링컨이 사건 내용을 듣고 보니 불의한 사건이었습니다.

"이것은 당신의 잘못입니다. 나는 변호할 수 없습니다."

그랬더니 그 사람이 소리치며 말했습니다. "변호사란 어떤 사건이든 돈 받고 변호하는 것이 아닙니까? 당신에게 평생 먹을 만큼 돈을 주어도 변호를 거절하겠습니까?"

그러자 링컨이 조용히 대답했습니다.

"네, 거절하겠습니다. 내가 평생 먹을 것은 나의 아버지께서 이미 약속해 주셨으니 걱정없고, 아버지께서 원치 않는 불의를 변호할 수는 없습니다."

그때 그 사람이 "당신 아버지는 가난한 통나무집에 살았다는데 무슨 유산을 받았다는 거요?" 하며 화를 냈습니다. 그 말을 듣고 있던 링컨이 조용히 말했습니다.

"당신은 아직 모르시는군요. 통나무집에 사시던 아버지는 오래 전에 돌아가셨고, 내 생명을 보장하시는 분은 하나님이십니다.”

그렇습니다. 우리는 사람에게 삶을 의지하는 것이 아니라 하나님께 우리의 삶을 의지해야 합니다. 사람이 사람에게 의지하는 것은 한계가 있습니다. 또한 사람이 사람에게 의지가 되어 주는 것도 한계가 있습니다. 그러나 하나님께 의지하는 사람은 한계를 느끼지 못합니다. 우리의 모든 생사를 주관하시는 하나님께 삶을 의지하십시오. 의지할 곳을 다른 곳에서 찾지 말고 주님 안에서 찾으십시오. 말씀 안에서 찾으십시오. 여러분의 힘이 될 것입니다. 여러분의 의지가 되어 줄 것입니다.

34

불같은 신자와 연기같은 신자

안이숙 여사 이야기입니다. 일본이 우리나라를 침략하자 안이숙 여사는 일본 국회 앞에서 데모하였습니다. 잡혀서 감옥 생활을 할 때, 전쟁이 치열해졌습니다. 어느 날 교도소장이 와서 죄수들을 모아놓고 말했습니다.

"천황 폐하의 이름으로 말한다. 이제 일요일도 없다. 대포알을 깎아야 하고 총알을 만들어야 한다." 그때 안이숙 여사가 나가서 말했습니다.

"만군의 여호와의 이름으로 말한다. 일요일은 주일이기에 예배드리며 일하지 않는다."

교도소장은 안이숙의 이 말에 놀라서 뚫어지게 바라보면서 말했습니다.

"너는 진짜 교인이다. 너만은 작업에서 뺀다."

하늘나라 시민권을 가진 자는 하늘나라 법으로 살아야 합니다. 오늘날 교회 안에는 불같은 신자와 연기같은 신자가 있습니다. 연기와 불은 가장 가깝고, 가장 비슷하지만 전혀 다른 영

향을 우리에게 줍니다. 불
은 열이 있어 온기를
전해주고 빛이 있어
우리의 길을 밝혀 줍니

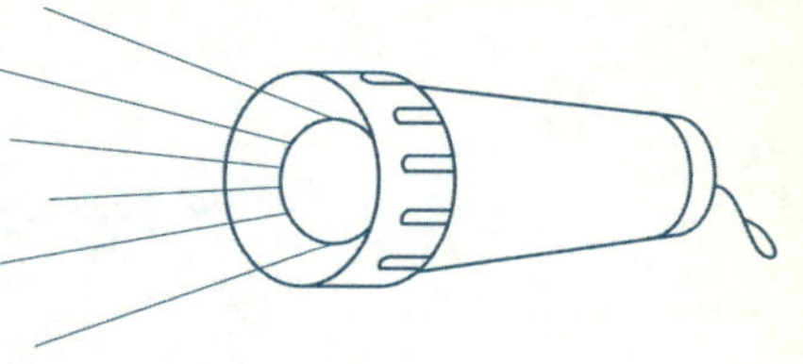

다. 그러나 연기는 불도, 빛도 없이 우리 주변을
어둡게 만들고 공기 오염으로 인체에 나쁜 영향을
끼칩니다. 우리가 열과 빛이 있는 불같은 신자가 되면 미움
이 있는 곳에 화해를 심고, 부정과 암흑이 있는 곳에 자기 몸을
태워 주위를 밝게 합니다. 그러나 연기신자는 죄책과 불안과
분노와 증오가 가득한 신자로서 문제가 있는 곳에 더 큰 문제
를 만들고, 단순한 문제를 더 복잡하게 만듭니다.

그렇습니다. 우리는 빛의 근원이시고 불의 근원이
신 주님과 같이 꺼져가는 심지를 새롭게 하여 가
정과 사회와 교회를 밝히는 불같은 신자가 되어야
하는 것입니다. 그럴 때에 하나님께서 이스라엘 민족을 불
기둥으로 인도하신 것처럼 우리 앞길도 환하게 비추어 주실 것
입니다.

35
스스로 시험하려는 마음

　믿음이 좋은 한 청년이 기도원에 들어가서 말씀 보고, 금식하며, 기도하여 은혜를 받고 산에서 내려오는데 장마에 강물이 넘쳐서 건널 수 없게 되었습니다. 그런데 자기 마음 속에 믿음이 충만하여 "베드로도 물 위를 걸었는데 나라고 안 될 것 있나?" 하고 믿음의 확신이 와서 "주여 믿습니다." 하고 강물을 건너기 시작했습니다. 그러다가 거의 죽기 직전에 지나가던 사람이 보고 건져내어 겨우 살아났습니다. 그때 그 청년은 "왜 베드로는 물 위로 걸어가던 믿음이 있었는데 나에게는 왜 그런 믿음이 없을까?" 하고 낙심하더랍니다.

　여러분, 사람의 믿음을 시험할 수 있는 분은 오직

삶에 희망과 행복을 주는 아름다운 77가지 이야기

하나님뿐입니다. 사람은 스스로도 자신의 믿음을 시험할 수 있는 자격이 없습니다. 사람이 믿음을 시험해 보려는 마음은 곧, 하나님을 시험하려는 마음과 같습니다. 이런 믿음을 가지고 살면 하나님의 복을 받는 게 아니라 죽을 일만 골라서 하다가 망하게 되는 것입니다. 베드로는 주님을 시험했던 것이 아니라 주님의 말씀에 순종했던 것입니다.

36

개와 늑대

　부산에 살던 부잣집 이야기입니다. 그 집에서는 영리한 개 한 마리를 기르고 있었습니다. 주인이 바구니를 개 입에 물려 주고 고기 한 근 값을 넣어 줍니다. 그러면 정육점에 가서 고기를 사오곤 하였습니다. 주인 아주머니가 살코기만 사오라고 요청하면 살로만 사왔습니다. 정확하게 심부름을 하였습니다.

　이 부자가 서울로 이사를 하게 되었습니다. 새로 이사 한 집에서 가까운 곳에도 정육점이 있었습니다. 주인은 부산에서 그랬던 것처럼 고기를 사오라고 장바구니를 개 입에 물려서 보냈습니다. 그러나 30분이 지나도 오지 않았습니다. 한 시간이 지나도 돌아오지 않았습니다. 여기 저기 찾아보았습니다. 찾을 수가 없었습니다. 3일이 지났습니다. 개는 돌아오지 않았습니다. 서울에는 개 도둑이 많다고 들었습니다. 그래서 누가 개를 잡아 갔다고 여기고 개 찾기를 포기하였습니다. 한 달이 지난 저녁, 주인 아주머니가 시장을 보러 나갔습니다. 그런데 저 멀리에 개가 바구니를 물고 절뚝거리며 힘없이 오고 있는 것이

삶에 희망과 행복을 주는 아름다운 77가지 이야기

보였습니다. 너무나 반가워서 개를 껴안으며 말했습니다.

"그 동안 어디 갔었니?"

그 개는 주인을 본 후 그 자리에 푹 쓰러지더니 죽어 버렸습니다. 알고 보니 부산까지 가서 고기를 사 가지고 오는 길이었습니다. 그 개는 지쳐서 쓰러져 죽은 것입니다. 바구니 안에는 다 썩은 고기 한 근이 그대로 있었습니다. 개는 충성스러운 종 노릇을 톡톡히 한 것입니다.

진정한 주님의 제자는 개와 같이 주인이 있으나 없으나 끝까지 충성하고 순종합니다. 그러나 삯꾼은 처음에는 충성하는 듯 보이나 끝내는 양떼를 잡아먹는 늑대와 같이 본성이 드러납니다. 우리는 늑대와 같은 삯꾼의 움직임에 민감해야 합니다. 늑대에게 잡아먹히지 않기 위해서는 신앙의 안테나를 주님께 바로 세워야 합니다.

기회를 잡으십시오

3대째 신앙을 이어오는 기독교 가정에서 습관적인 신앙생활을 해오던 어느 성도가 있었습니다. 그는 1999년 어느 날 결핵으로 병원에서 의식을 잃어 식물인간이 되었을 때 영혼 자기 몸을 빠져나와 생명책을 가진 전능하신 자 앞에서 판결을 받는데 그때 많은 사람들들이 심판자가 무엇인가 물을 때 머뭇거리거나 대답하지 못하면 왼편으로 분류되어 지옥으로 떨어지고 대답한 사람들은 오른편으로 보내져 천국으로 보내지는 것을 보았습니다. 그래서 잔뜩 겁을 먹고 두려움에 떨고 있을 때 하나님께서는 그에게 무엇인가를 물었습니다. 아주 큰 소리로 대답을 하였는데 그 순간 식물인간이던 몸이 펄쩍 뛰면서 알아들을 수 없는 소리를 지르며 의식이 돌아왔습니다. 그때부터 그는 자기 어머니의 간절한 기도로 하나님께서 다시 한 번 기회를 주신 것으로 알고 그동안 성경만 들고 다니며 예수님이 누구신지 자신과 어떤 관계가 있는지 어떻게 신앙 생활해야 하는지조차 모르고 형식적으로 살아왔던 것을 가슴 치며 회개하고 지금은 참된 믿음 안에서 살고 있다는 간증입니다.

1962년 빌리 그레이엄 목사님이 시애틀에서 부흥회를 하고 있었습니다. 그날밤 호텔에서 잠을 청하고 있었는데 갑자기 마음에 세계적으로 유명한 배우인 마릴린 먼로를 전도하라는 감동이 왔습니다. 그래서 전화를 걸어서 그녀를 집회에 초청했는데 먼로의 비서는 "혹 시간이 생긴다면 2주 후에나 가능할까 모르겠다."며 거절했습니다. 목사님은 그 영혼이 불쌍한 생각이 들었지만 어쩔 수 없었습니다. 그리고 2주 후에 먼로가 자살했다는 소문이 났습니다. 기자들이 그녀의 죽음을 추적한 결론은 고통과 허무 때문이라는 것입니다.

그녀는 일생일대의 중요한 기회를 기회라고 생각하지 않았기 때문에 결국은 자살하게 된 것입니다. 세계에서 가장 아름다운 배우였던 먼로는 많은 사람들의 사랑을 한 몸에 받았음에도 불구하고 그녀의 마음을 파고드는 허무감을 이기지 못하 고 죽음을 택한 것입니다.

38
주님은 자본발전소

　옛날 이야기입니다. 고양이가 새끼를 낳았습니다. 대견스러
웠습니다. 너무나 귀엽고 잘 생긴 새끼 고양이가 세상에서 가
장 힘이 센 고양이가 되었으면 좋겠다는 바람을 가지게 되었습
니다. 그래서 이 세상에서 가장 힘이 센 것이 무엇인가를 찾아
보았습니다.

　"아무래도 호랑이가 힘이 세겠지."

　그래서 '호랑이'라고 이름을 지었습니다. 그런데 어느 날 우
연히 보니 호랑이가 포수에게 쫓겨서 도망을 가고 있었습니다.

　'아니다. 포수가 호랑이보다 힘이 더 센가 보다.'

　그래서 '포수 고양이'라고 이름을 바꾸었습니다. 그런데 어
느 날 지나가다 보니까 포수가 밥을 먹지 못하고 비실비실대는
것이었습니다. 고양이는 다시 생각하였습니다.

　'아. 곡식이 더 포수보다 힘이 더 센가 보다.' 그래서 '곡식
고양이'라고 이름을 지었습니다. 그런데 곡식은 하늘에서 비
가 내려오지 않으면 자라지도 못하고 열매도 맺지 못하는 것이

었습니다. 그래서 '비 고양이'라고 이름을 지었습니다. 그런데 비는 구름이 없으면 헛것이었습니다. 다시 '구름 고양이'라 지었습니다. 그리고 구름을 보니까 바람에게 이리저리 쫓겨 다니고 있었습니다. 그래서 어느날 이름을 '바람 고양이'로 바꾸었습니다. 그런데 바람은 벽이 있으면 꼼짝 못하는 것이었습니다. '벽 고양이'라고 이름을 바꾸었습니다.

한참 지났습니다. 어느 날 보니 벽이 다 허물어져 이곳 저곳에 구멍이 나 있었습니다. 들쥐가 벽에 구멍을 내고 허물어지게 만들어 놓았습니다. 그 벽을 쥐가 무너뜨렸습니다. 그래서 고양이는 중얼거렸습니다. '벽보다 쥐가 더 힘이 세구나!'

그래서 '쥐 고양이'라고 이름을 지었습니다. 그런데 쥐는 고양이한테 꼼짝을 못하였습니다. 그래서 할 수 없이 고양이 새끼 이름을 '고양이'라고 지었습니다.

짐승도 사람도 모두 힘을 원합니다. 우리의 힘은 무엇입니까? 바로 예수님 안에 있는 것입니다. 내게 능력주시는 자 안에서 모든 것을 할 수 있다고 성경은 말하고 있습니다. 주님 안에 있을 때 우리는 불가능이 없습니다. 모든 것을 가능케 하시는 그분이 우리의 힘이 되고, 우리의 자본이 되고, 우리의 능력이 되기 때문입니다.

삶에 희망과 행복을 주는 아름다운 77가지 이야기

39

헛된 것을 쫓아가는 자

톨스토이의 작품 중에 이런 글이 나옵니다. 어떤 농부가 1천 루불만 내면 그가 종일 걸은 만큼의 땅을 차지할 수 있다는 소문을 듣고 찾아갑니다. 가보니 모든 것이 소문대로였습니다. 그는 뜬눈으로 밤을 지새우고 해가 뜨기 무섭게 출발하여 종일 달리고 또 달립니다. 다행히 그는 해가 지려는 순간 출발점에 도착했지만 너무 피곤하여 쓰러져 죽고 맙니다. 그러자 사람들이 그의 묘를 썼는데 그가 차지한 땅은 겨우 머리에서 발끝까지 여섯 자밖에는 되지 않았다는 이야기입니다.

욕심에 사로잡혀 열심히 뛰어 다녀봤자 기다리는 것은 지옥 형벌뿐이니 가련한 인생길입니다. 성삼문은 세조가 어린 단종의 왕위를 빼앗자 복위를 꾀하였으나 실패하여 노량진 언덕의 한 줌 흙이 되고 말았습니다. 그때 나이 38세였습니다. 그 반면에 신숙주는 수양대군을 도와 왕위찬탈의 공을 세워 우의정, 좌의정을 지내고 마침내 영의정 자리에 올랐는데 죽을 때의 나이가 61세였습니다. 그렇다면 신숙주는 성삼문보다 20년 정도 더 산 셈입니다. 의인의 피를 흘리게 만들고, 그 고귀한 살과 뼈가 한강변의 까마귀 밥이 되게 하여 20년도 못 되는 짧은 영화의 단꿈 때문에 역사의 죄인이 되었으니 신숙주는 불쌍한 사람입니다.

성경은 말하고 있습니다. 모든 것이 헛되고, 헛되다, 라고 말하고 있습니다. 세상이 주는 것 중에 영원한 것은 없습니다. 솔로몬은 세상의 부귀와 영화는 다 헛되다고 말했습니다. 결국 마음의 안식을 누리는 것이 인간이 추구해야 할 삶이고, 하나님이 원하시는 삶입니다.

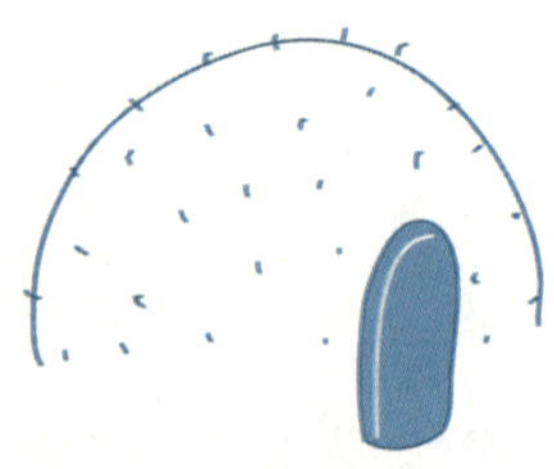

삶에 희망과 행복을 주는 아름다운 77가지 이야기

40

신문과 미싱

영국 어느 잡지사에 근무하는 평범한 기자가 있었습니다. 그는 한 가지 일에 몰두할 줄 모르는 이였습니다. 어느 날 그는 대부호 브레이크를 취재하였습니다. 브레이크는 신발의 발바닥 밑에 징을 박는 아이디어 하나로 일약 부자가 된 사람입니다. 기자가 브레이크에게 물었습니다.

"당신이 대부호가 된 비결은 무엇입니까?"

브레이크가 대답하였습니다.

"나는 항상 돈벌이하는 데에만 몰두하였소. 한 가지 일을 하면 끈기 있게 그것만 붙들고 끝장날 때까지 하였소. 그것이 내 인생 전부였다오."

기자는 이 말을 듣고 큰 깨달음이 있었습니다.

'나도 이제부터 신문과 잡지를 만드는 일에만 전념을 하자. 여기에 내 인생을 걸자.'

그는 신문 사업에 몰두하기 시작하였습니다. 파산직전의 신문사를 살려 냈습니다. 영국 최고의 신문을 만들었고 신문왕이라는 이름이 붙었습니다. 이 사람이 바로 노스클리프입니다. 1차 대전 때 독일 황제 카이젤이 말했습니다.

"나는 연합군에게 진 것이 아니라 노스클리프 신문에 진 것이다."

무슨 일에나 끈기 있게 일하는 이에게 승리는 주어집니다. 미국에 '싱거'라는 사람이 있었는데 그만 병들어 눕게 되었습니다. 그러자 그의 아내가 생계를 유지하기 위하여 밤을 새워서 바느질을 했습니다. 싱거는 누워만 있는 처지였습니다. 그의 아내는 어두운 밤 밝지 않은 불빛 아래서 바느질을 했기에 밤을 새워도 얼마 하지 못하고 제대로 모양이 나지 않았습니다. 싱거는 그렇게 고생하는 아내를 차마 볼 수가 없었습니다. 고생하는 아내를 바라보면서 도와줄 수 있는 방법이 무엇인가 생각하고 발명한 것이 바로 '싱거표 미싱'입니다. 그에게 아파 누워 있었던 병석이 오히려 좋은 기계를 발명하는 기회가 되었던 것입니다.

여러분, 인생은 '고통스럽고 거친 바다'라고 했습니다. 싱거

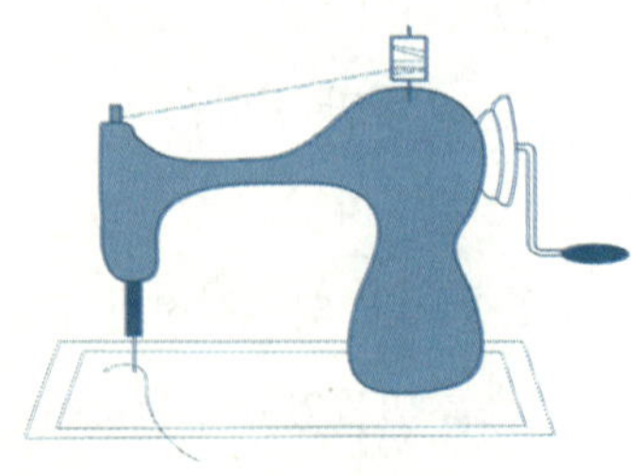

삶에 희망과 행복을 주는 아름다운 77가지 이야기

는 최악의 상황에서도 도움이 될 만한 방법을 연구하고, 끝까지 포기하지 않았습니다. 사람의 인생은 누구나 고통스럽고 거친 바다에서 시작하지만 끝까지 희망의 끈을 놓지 않고 하나님을 의지하는 자는 그 바다에서도 수많은 좋은 해산물을 건져 올리는 축복을 누리게 될 것입니다.

41

게으름

암소와 당나귀가 한 집에서 일하고 있었는데 하루는 암소가 아픈 척하고 일을 나가지 않았습니다. 주인은 소가 아픈 줄 알고 맛있는 것을 갖다 주었습니다. 이것에 맛들인 암소는 계속 아픈 척을 하였습니다. 그 날도 혼자 일을 하고 돌아온 당나귀에게 암소는 주인이 무슨 말 안 하더냐고 물었습니다. 당나귀는 "글쎄, 아무 말 없었는데 아까 보니 주인이 푸줏간 아저씨와 무슨 얘기를 했어."라고 하였습니다. 결론은 여러분이 짐작하시기 바랍니다.

하나의 우화이긴 하지만 게으름을 피우는 자의 말로는 결국 푸줏간에 끌려갈 암소와 같은 신세가 되고 말 것이라는 비유입니다. 우리는 무엇이든지 내일로 미루어서는 안 됩니다. 내일로 미루는 것은 마귀의 역사입니다. 이런 말이 있습니다.

"할 일이 있습니까? 지금 하십시오. 어제는 당신의 것이 아니고 내일도 보장할 수 없기 때문입니다. 아름다운 노래가 있

삶에 희망과 행복을 주는 아름다운 77가지 이야기

습니까? 지금 부르십시오. 그것이 슬픔의 노래가 될 수도 있기 때문입니다. 사랑의 말이 있습니까? 지금 말하십시오. 미워하는 날이 올 수도 있기 때문입니다. 친절한 미소가 있습니까? 지금 보이십시오. 찡그린 얼굴이 될 날도 있기 때문입니다. 진심으로 사랑하고 믿어야 할 분이 있습니까? 지금 믿으십시오. 그분은 변치 않아도 내가 변할 수 있기 때문입니다.”

오늘 할 일을 자꾸만 내일로 미루는 것도 계속되다 보면 습관이 됩니다. 습관이 되어버리면 당장 하려고 해도 힘이 들게 됩니다. 마귀는 오늘 할 일을 내일로 자꾸만 미루게 만들어 결국 게으름의 나락으로 우리를 떨어뜨립니다. 지금 당장 하십시오. 잠언의 말씀처럼 하룻 동안 무슨 일이 일어날런지 우리는 알 수 없기 때문입니다.

42

내면의 치료제

자수성가하여 큰 회사의 사장이 되어 명예와 재물, 그리고 욕망도 실현한 사람이 있었습니다. 그런데 그의 마음에는 공허와 권태감이 무겁게 쌓여 있었습니다. 세상의 모든 것이 무의미하게 느껴져 술로 달래보고 싶었으나 도리어 건강만 해치고 불면증도 심해졌습니다. 그래서 병원을 찾아 갔지만 아무런 이상이 없다고 했습니다. 그는 병들고 지친 마음을 안고 마지막으로 알렌 목사를 찾아갔습니다. 목사는 그에게 하루에 다섯 번씩 시편 23편을 읽도록 했습니다. 그는 그 처방을 충실히 지켰습니다. 그런데 놀라운 일이 일어났습니다. 시편을 읽으면서 불면증이 사라졌고 새로운 의욕이 일어나 손을 놓다시피 했던 회사일도 다시 힘 있게 시작할 수 있게 되었습니다.

사탄이 와서 한 사람에게 말했습니다.

"너는 내 말을 듣지 않으면 죽는다. 셋 중에 하나를 선택하여라. 어머니를 죽이겠니? 여동생을 창녀로 팔겠니? 술을 10잔 마시겠니?" 그 사람은 어머니를 죽일 수 없었습니다. 여동생을 창녀로 팔 수도 없었습니다. 그래서 술을 10잔 마시겠다고 하였습니다. 사탄은 그렇게 하라고 하였습니다. 그 사람은 술 10잔을 마시고 나서 취하여 어머니를 죽이고 여동생을 창녀로 팔아 버렸습니다. 술이 가장 위험한 것이라고 탈무드는 말하고 있습니다. 부정한 음식이 가정 파괴범입니다. 한국 사람들은 젊은 사람들이나, 나이 든 사람들이나 만나면 저마다 술을 마십니다. 술에 의지해서 상처난 마음을 치료 받기를 원합니다. 그러나 사람의 내면을 치료할 수 있는 분은 오직 하나님의 말씀뿐입니다. 하나님의 말씀은 세상에서 가장 강력한 치료제입니다.

43
재활용 기적

영국의 런던 황실 아카데미의 유명한 바이올리니스트 '피터 구르퍼' 라는 사람은 훌륭한 바이올린 명장인 '스트라디바리우스' 가 만든 바이올린을 가지고 연주하는 소원을 가지고 있었습니다. 마침내 그의 소원이 이루어져 258년경에 '스트라디바리우스' 가 만든 바이올린을 갖게 되었고, 핀란드에서 연주를 하게 되었습니다.

그는 너무 흥분해서 바이올린을 안고 가다가 넘어지고 말았는데, 그때 바이올린이 깨지는 바람에 그의 꿈도 산산조각이 나버렸습니다. 실망 가운데 있는 그에게 런던의 어떤 악기 수리기사가 "내가 그 악기를 고쳐보겠소."라며 연락을 해왔습니다. 그는 악기를 수리하는 기사에게 깨진 바이올린을 맡겼습니다. 그 기사는 깨진 바이올린을 감쪽 같이 고쳐 주었습니다. 그래서 고쳐진 바이올린을 가지고 연주를 하게 되었는데, 오히려 전보다 더 아름다운 소리가 나서 찬사를 받았습니다.

여러분, 우리의 인생도 마찬가지입니다. 깨진 스트라디

삶에 희망과 행복을 주는 아름다운 77가지 이야기

바리우스처럼 실패하여 깨어진 상황에 처해 있다
고 해도 끝까지 포기하지 마십시오. 주님께 의지
한다면 성령의 접착제로 여러분의 깨어진 인생을
붙여 주실 것입니다. 주님께서 붙여주신 인생으로 다시
태어난 스트라디바리우스처럼 최고의 인생을 노래하십시오.

44

하나님은 그대의 편입니다

1972년 10월 12일에 안데스 산맥에서 일어난 사건입니다. 우루과이 럭비팀 선수들과 가족들을 태운 비행기가 고지에서 추락하였습니다. 굶주림과 싸워야 했고 추위와 사투를 벌여야 했습니다. 밖에서는 구조가 시작되었지만 그 넓은 산맥에서 도무지 찾지를 못하였습니다. 이들은 비행기 안에 웅크리고 모여 앉아 구조만을 기다리고 있었습니다. 파괴된 통신실에서 세 명이 라디오를 통하여 자기들을 구조하는 뉴스를 들을 수 있었습니다. 그리고 대원들에게 알려주곤 하였습니다.

그런데 4주 만에 구조대는 찾지 못하고 구조를 포기한다는 뉴스를 들었습니다. 세 명은 격론을 벌였습니다. 이 사실을 알리지 말자고 두 명은 주장하였습니다. 알리게 되면 모두 실망하여 빨리 죽게 된다는 것이었습니다. 그러나 지도자 구스타보 니콜리치는 주장하였습니다.

"사실대로 알려야 한다."

니콜리치는 좁은 통로를 비집고 팀원들이 모여 있는 곳을 가

삶에 희망과 행복을 주는 아름다운 77가지 이야기

서 담대하게 말했습니다. "여러분! 방금 뉴스를 들었습니다."

모두가 초긴장하였습니다. 니콜리치는 계속 말했습니다.

"구조대가 우리 구조를 시작한 지 4주입니다. 이제 생존자가 없다는 결론을 구조대가 내렸습니다. 구조를 포기하고 중단한다는 뉴스가 지금 들어 왔습니다."

모두 절망에 빠졌을 때 니콜리치는 힘 있게 말했습니다.

"여러분! 용기를 내십시오. 저들이 구조를 포기하였다는 것은 우리 힘으로 빠져 나가야 하는 길밖에 없다는 것을 의미합니다. 지금부터 구조를 기다리지 말고 우리가 능동적으로 행동하여야 합니다. 내가 시키는 대로 하십시오."

그리고

니콜리치는 조를 짜서 일을 하나 하나 진행시키기 시작하였습니다. 결국 그들은 구조되지 않고 자력으로 살아 나왔습니다. 온 세계의 뉴스가 되었습니다.

용기를 가지십시오. 믿음을 가지십시오. 그리고 방법을 찾으십시오. 하나님은 이런 자세를 가진 사람의 편입니다.

45

사랑하는 방법

너무나 가난한 아주머니 한 분이 슈퍼마켓에 갔습니다. 그녀는 빵과 우유를 샀지만 고기를 몇 근 훔쳤습니다. 카운터에 가서 계산을 할 때였습니다. 그녀는 빵 값과 우유 값만 지불하였습니다. 그런데 계산하던 아가씨가 말했습니다.

"아줌마, 그 가방 좀 열어 보세요."

CCTV로 감시원이 보고 있었기 때문입니다. 아주머니는 열지 않겠다고 우겼습니다. 드디어 경찰이 왔습니다. 가방을 열지 않을 수가 없었습니다. 그 가방에서 고기가 나왔습니다. 그녀는 당연히 경찰서로 끌려갔습니다. 모두 그 여자를 도둑으로 낙인을 찍었습니다. 드디어 재판을 받게 되었습니다. 재판관은 그 가난한 아주머니를 부드럽게 심문했습니다. 그러다가 그 아주머니가 남편에게 버림을 받고 혼자서 아이들 5명을 기르고 있다는 것을 알았습니다. 집도 없고 수입도 없었습니다. 몇 달 동안 기름진 음식이라곤 한 번도 입에 대보지 못했다는 것도 알게 되었습니다. 이런 사정을 알게 된 재판관은 선고하였습니다.

"이 아주머니가 그렇게 한 것은 그렇게 할 수 밖에 없었다. 누구라도 그렇게 하였을 것이다. 우리가 살게 만들어 주어야 한다."

그리고 집을 마련하여 주었고 취직을 시켜 주었습니다. 정부에서 보조금도 받게 하여 주었습니다.

먼저 사랑하는 마음이 있기 전에 상대의 처지를 이해하는 마음이 있어야 합니다. 그가 처한 상황을 보며 긍휼히 여기는 마음이 있어야 진정한 사랑입니다. 우리 주님께서도 우리에게 사랑하는 법을 몸소 보여주셨습니다. 사랑은 말로만 하는 것이 아니라 실천입니다. 실천하는 사랑 속에 진정한 위로와 새로운 출발이 있습니다.

46

감사를 선택하라

2차 세계 대전 후에 독일은 지금 우리나라처럼 학교에서 점심을 먹지 못하는 아이들이 늘어났습니다. 이때 어느 시골 작은 학교에서 생긴 일입니다. 그 학교에 점심을 못 먹는 아이들이 20명 가량 되었습니다. 그 마을에 살고 있는 부자가 점심 때면 빵 20개 정도를 싸들고 가서 아이들에게 주곤 하였습니다. 그때마다 아이들은 서로 큰 것을 차지하려고 아우성쳤습니다. 그런데 한 아이는 달랐습니다. 그레첸이라는 아이였습니다. 그 아이는 먼저 집어가지 않았습니다. 조용히 뒤에서 기다리다가 남아 있는 가장 작은 한 개를 여유있게 집어 들고는 그 부자에게 인사하였습니다.

"먹을 것을 주셔서 감사합니다."

이렇게 인사하고는 사라졌습니다. 이런 일이 매일 반복되었습니다. 그런데 하루는 그레첸은 다른 아이들이 안 집어간 가장 작은 빵을 들고 부자에게 인사를 드리고 집으로 가지고 가는 것이었습니다. 집에 있는 어머니가 점심을 못 먹으니 같이 먹으려는 것이었습니다. 집으로 가지고 와서 빵을 자르고는 어머니와 그레첸은 놀랐습니다. 그 빵 속에서 은화 6개가 나온 것이었습니다. 어머니가 아들에게 말했습니다.

“이 돈은 우리 것이 아니라 그 할아버지가 빵을 만들다가 잃어버린 은화일 것이다. 이렇게 비싼 것이 여기에 들어 있을 리가 없다. 빨리 돌려 드려라.”

아들은 은화를 들고 부자 할아버지에게 달려가 사정을 이야기하고 돌려 드렸습니다. 그랬더니 그가 말했습니다.

“이 은화는 내 것이 틀림이 없다. 그러나 나는 20명의 아이들 중에 감사할 줄 아는 네게 선물하려고 일부러 넣은 것이다. 이것은 하나님이 네게 주시는 보상이다.”

감사하는 사람은 하나님이 돌보십니다. 때문에 우리는 늘 불평이 아닌 감사를 선택해야 합니다.

47

여유를 주는 감사

두 친구가 나란히 길을 걸어가고 있었습니다. 날씨가 회창하고 길가에는 꽃이 아름답게 피어 있었습니다. 하늘에서는 새들이 날고 있었습니다. 들판에는 소와 양들이 풀을 한가하게 뜯고 있었습니다.

"야! 정말 아름답다. 하나님은 위대한 창조주시다. 벌레 하나도 하나님이 세밀하게 창조하셨지. 생각해 봐! 저기 소도 처음에는 작은 송아지였지. 저 새들도 알속에서 나왔지."

같이 걷던 친구가 말했습니다.

"그래, 하나님은 정말 위대하신 분이야. 나도 그렇게 생각해. 그런데 이해하지 못할 것이 하나 있어."

"뭔데?"

"소는 몸집이 크니까 먹을 것이 많이 필요해. 새는 몸집이 작으니까 조금만 먹어도 돼. 그런데 새에게는 하나님이 날개를 주셔서 온 천지를 다니며 먹을 것을 찾아 먹게 하시고, 소에게는 왜 날개를 안 주셔서 주변에 있는 것만 먹게 하셨을까? 하나

삶에 희망과 행복을 주는 아름다운 77가지 이야기

님은 이상해.”

그때 새 한 마리가 머리 위를 날아가더니 똥을 쌌습니다. 그 사람의 이마에 똥이 흘러 내렸습니다. 그 때 그 친구가 탄성을 올리며 말했습니다.

“아! 알겠다. 이제야 알겠다. 하나님은 위대하시다. 하나님의 뜻을 알겠다. 감사하다.”

그리고 똥을 닦았습니다. 만일 소가 날아가다 똥을 쌌으면 큰일날 뻔하였다는 말입니다. 감사하면 여유가 있습니다. 험난한 세상 속에서도 감사하는 사람은 향기로운 생각을 낳습니다. 상황이 어렵고 고통스러울수록 마음의 여유를 더 가지시기 바랍니다. 예수님도 찬미하며 겟세마네 동산에 오르셨습니다.

48

당연하게 생각하고 있지는 않나요?

조그만 마을에서 일어난 이야기입니다. 어떤 한 사람이 사람들이 얼마나 감사할 줄 아는지 실험하여 보기로 하였습니다. 방법은 매일 한 집에 10,000원씩 넣어 주면서 두 달간 반응을 보는 것이었습니다. 첫 날 마을을 돌면서 한 집에 10,000원씩을 넣어 주었습니다. 첫 반응이 나왔습니다.

"이상한 사람이다."

그러나 한 명도 10,000원을 도로 주는 사람은 없었습니다. 둘째 날도, 셋째 날도 그렇게 하였습니다.

"고마운 사람이다."

이런 반응이 나왔습니다. 그리고 3일 만에 동네 사람들이 모이면 10,000원을 돌리는 사람 이야기가 화제 거리가 되었습니다. 일주일이 지났습니다. 다 그렇지는 않았지만 많은 사람들이 미리 대기하고 있다 10,000원을 받으면서 말했습니다.

"감사합니다."

그리고 이웃 마을의 반응이 나왔습니다.

"그 사람 왜 우리 마을에는 10,000원을 안 주냐?"

한 달이 지났습니다. 사람들은 고마워하지 않기 시작했습니다. 당연히 받는 것으로 여기고 있었습니다. 두 달 동안 그렇게 하였습니다. 마지막 날은 10,000원을 주지 않고 그냥 마을 한 바퀴를 돌았습니다. 사람들이 말했습니다.

"오늘은 왜 안 주는 거요?"

어떤 사람은 돈을 주지 않는다고 화를 냈습니다.

"오늘 10,000원을 받아 쓸 데가 있는데 왜 그냥 지나가는 거요?"

그런데 두세 명이 말했습니다.

"그 동안 불경기에 계속 돈을 주시더니 돈이 떨어졌군요. 그 동안 감사했습니다."

감사하는 사람은 적었습니다. 우리 또한 마찬가지입니다. 하나님께서 우리에게 베풀어주신 것들을 감사하지 않고 당연한 것으로 여기고 있지는 않습니까? 자신을 한번 돌아봐야 할 때입니다.

49
일그러진 결심

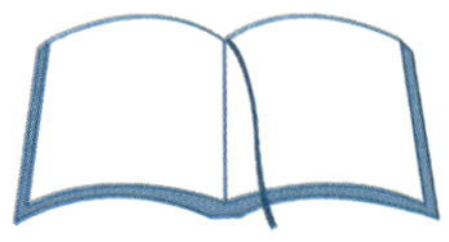

　어떤 청년이 연초에 매일 성경을 15장씩 읽기로 결심했습니다. 며칠 시행해 보니 그리 쉬운 일이 아니었습니다. 그래서 그 청년은 15장에서 5장, 5장에서 1장으로 목표를 변동하다가 나중에는 아예 아침에 일어나서 성경을 펴고 손가락으로 아무 말씀이라도 짚이는 그 말씀을 하나님께서 오늘 내게 주시는 말씀으로 삼기로 했습니다.

　그러던 어느 날 아침 성경을 열어 짚어 보니 마태복음 27장 5절이었습니다.

　"그가 스스로 물러가 목메어 죽으니라" 그는 깜짝 놀라 다시 성경을 펼쳤습니다.

　그런데 이번에는 누가복음 10장 37절 "가서 너도 이와 같이 하라"는 말씀이었습니다. 갈수록 태산이라더니 그래도 그 청년은 다시 "하나님! 다시 한 번만 뽑겠습니다. 용서하여 주옵소서." 하고 다시 성경을 펼치니까 이번에는 요한복음 2장 5절이었습니다. 무슨 말씀이었을까요?

삶에 희망과 행복을 주는 아름다운 77가지 이야기

"너희에게 무슨 말씀을 하시든지 그대로 하라."

그 말씀대로라면 그 청년은 죽어야 합니다. 그래서 그 청년은 "하나님 제가 잘못된 믿음을 가졌습니다." 회개하고는 열심히 성경을 읽었다는 이야기입니다.

연초에는 하나님 앞에서 열심을 다해서 하겠다고 결심했던 일들이 시간이 지나면서 게으름이라는 틀 안에서 변형되고 있지는 않습니까? **지금 자신을 한번 돌아보십시오. 하나님 앞에서 결심했던 일들이 어떻게 진행되고 있습니까? 당신의 결심은 게으름이란 틀 안에서 이상한 형태로 일그러져 있지는 않습니까?**

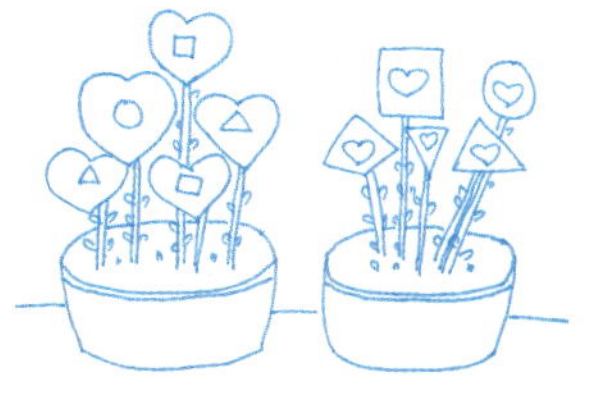

50

당신의 목표는 무엇입니까?

음식점을 경영하는 어느 집사님의 간증입니다. 남의 음식점에서 10년을 일하면서 그에게는 꿈이 있었습니다.

"언젠가는 내가 음식점을 경영하는 경영주가 되리라. 그리고 그 음식점의 주방장이 되리라. 돈도 많이 벌리라. 또한, 하나님의 일을 잘 하리라."

알뜰살뜰 돈을 모아 드디어 10년 만에 조그만 음식점을 개업하였습니다. 목사님과 함께 개업예배도 잘 드렸습니다. 그러나 오직 그의 마음속에는 돈이었습니다. 웬일인지 적자를 면치 못하였습니다. 3개월이 지나도 자리가 잡히지 않았습니다. 그렇게 희망차게 시작한 음식점을 폐업하여야 하나 하는 마지막 기도를 하는데 하나님의 음성이 들렸습니다.

"어떤 고객이 오든지 네 아들, 딸에게 음식을 만들어 주듯이 정성을 다하여라. 가난한 자가 오거든 기쁜 마음으로 밥을 거져 주거라."

그는 하나님의 말씀에 순종하였습니다. 음식을 만들 때마다 정성을 다하였습니다. 가난한 이들이 오면 음식 값을 받지 않았습니다. 거지들이 지나가면 불러서 밥을 대접하였습니다. 소문이 꼬리를 이었습니다. 계속 손님들이 몰려왔습니다. 그 후 바쁜 음식점이 되었습니다. 돈이 목표가 아니라 사랑을 목표로 하였습니다. 기적이 일어나기 시작하였습니다. 하나님의 축복이 눈에 띄게 나타나게 나타났습니다.

51

나도 이제부터 예수를 믿겠습니다

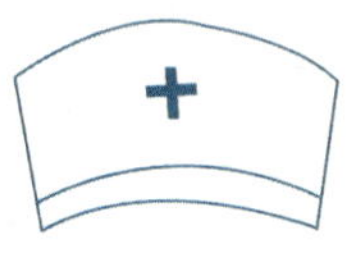

　터키에서 있었던 일입니다. 터키인들은 그곳에 살고 있는 루마니아 사람들을 핍박하고 있었습니다. 어느 날 한 터키인이 루마니아인이 살고 있는 집으로 들어가서 마구 학살할 때였습니다. 남매가 살고 있는 집이었습니다. 그는 먼저 오빠를 살해하였습니다. 그리고 여동생을 죽이려고 하는데 그는 요행히 도망쳐 간신히 살아났습니다. 직업은 간호원이었습니다. 그리고 수개월이 지났습니다. 병원에 한 환자가 들어 왔는데 얼굴에 부상을 당하여서 얼굴이 누구인지 알아볼 수도 없었고 형편이 없었습니다. 그 간호원은 정성을 다하여 치료하였습니다. 어느 정도 치료된 후 그 얼굴을 보니까 자기 오빠를 죽인 터키인이었습니다.

　그 여자의 마음에서는 번민이 일어나기 시작하였습니다. 치료를 포기하고 그대로 두면 죽게 되니까 그렇게 죽이고 싶은 충동이 일어났습니다. 그러나 그 여자는 이렇게 생각하였습니다.

　'나는 예수를 믿는 사람이다. 예수님은 원수까지도 사랑하

삶에 희망과 행복을 주는 아름다운 77가지 이야기

라고 하셨는데 내가 이 사람을 죽여서야 되겠는가?'

그래서 이 사람을 잘 치료하여 주기로 결심하였습니다. 정성을 다하였습니다. 한 달이 지났습니다. 이 사람이 회복되어 눈을 뜨게 되었습니다. 눈을 뜨고 자기를 그동안 치료하여 준 여인을 보는 순간 그는 소스라치게 놀랐습니다. 자기가 죽이려던 여자였습니다. 가만히 그는 물었습니다.

"당신 오빠가 수개월 전에 죽었지요?"

"예." "누가 죽였는지 아십니까?'

"예. 알지요."

"누가 죽였습니까?'

"바로 당신이 죽였습니다."

"그러면서도 나를 이렇게 정성껏 치료시켜 주었습니까?"

"나는 당신을 처음 만났을 때 독한 마음을 먹었었지요. 그러나 주님의 말씀이 떠올랐습니다. 예수님은 원수도 사랑하라고 하셨습니다. 그래서 나는 당신을 더 열심히 치료하기로 작정하였습니다. 지금 이렇게 나은 것을 보니 얼마나 기쁜지 모르겠습니다."

터키인은 눈물을 터뜨렸습니다. 그는 이렇게 말했습니다. "만일 당신이 믿는 기독교가 이런 것이라면 나도 이제부터 예수를 믿겠습니다."

그리고 예수를 믿었습니다.

52

과거를 청산하는 힘

코리텐 붐 여사는 독일 나치에 붙들려 감옥 생활을 하였습니다. 한 교도관이 그를 몹시 괴롭혔습니다. 여자로서 가장 수치스러운 발가벗김을 당하였습니다. 똥으로 빵을 대신하고 오줌으로 포도주를 대신한 성만찬을 강요하기도 하였습니다. 코리텐 붐은 시키는 대로 다 하였습니다.

얼마 후에 해방되었습니다. 어느 날 코리텐 붐이 전도 집회를 하고 나와 사람들과 악수를 하는데 그 교도관도 손을 내미는 것이었습니다. 물론 그 사람은 코리텐 붐인 줄을 몰랐습니다. 코리텐 붐은 순간적으로 증오의 불길이 마음속에 타올랐습니다. 과거 수치스러운 생각이 머리에 스쳐 갔습니다. 그 손을 뿌리치려고 하는 순간 십자가 생각이 났습니다. 예수님의 사랑이 떠올랐습니다. 예수님이 자기를 죽이는 사람들을 사랑한 모습이 보였습니다. 코리텐 붐은 그 사람의 손을 붙들었습니다. 그리고 사랑하게 해 달라고 기도하였습니다. 그 순간 십자가의 사랑이 물씬 풍겼습니다. 코리텐 붐은 예수 믿고 처음으로 맛

보는 그리스도의 사랑이었습니다.

진정한 십자가의 사랑과 용서는 내 능력으로 되는 것이 아닙니다. 내 안에 계시는 성령의 능력으로 가능해지는 것입니다. 아무것도 없어도 우리 가슴에 이웃을 향한 주님의 한없는 사랑이 가득 차 있다면 그 하나만으로도 모든 것이 가능한 것입니다. 나를 힘들게 했던 자들을 품는 것은 너무도 힘든 일이지만 일단 사랑으로 그들을 품게 되면 우리가 누리게 되는 기쁨과 즐거움은 어마어마한 것입니다. 사랑은 과거의 모든 상처들을 한 번에 청산하는 힘을 가지고 있습니다.

53

하나님의 심장

하이디 베이커의 간증을 보면 입신하여 어느 거대한 방에 들어갔는데 그 방은 놀랍게도 하나님 아버지의 심장이었습니다. 아버지의 심장은 계속 고동치고 있었다고 합니다. 그런데 그분의 심장은 거대한 칼에 베임을 당한 것처럼 산산조각이 나 있었습니다. 그녀는 주님 심장의 고통을 느낄 수가 있었습니다. 그 거룩한 상처덩이로부터 고통이 자기에게 전달되어 오는 것이었습니다. 큰 상처였습니다. 하나님 아버지의 심장에 난 큰 상처를 보며 고통스러워하는 그녀에게 주님이 말씀하셨습니다.

"이건 사람들이 죄를 짓기 시작하던 날부터 내 심장에 생기게 된 구멍이란다."

하나님의 자녀들이 하나님을 멀리하고 악마에 끌려 세상에 나가 범죄할 때 아버지의 마음은 갈갈이 찢어진다는 말씀이었습니다. 사람들은 쾌락을 위해 나갔지만 그것을 보는 하나님

삶에 희망과 행복을 주는 아름다운 77가지 이야기

아버지의 심장은 찢어질 듯 아픈 고문이었던 것입니다. 그래서 하이디 베이커는 "아버지, 제가 그 상처들을 치유할 수 있도록 해주세요. 저들을 제가 아버지께로 데려 오도록 해주세요."라고 기도했습니다.

내가 좋아서 택했던 길, 나의 쾌락을 위해서 했던 행동들이 나도 모르는 사이에 아버지의 심장에 구멍을 내고, 상처를 냈던 것입니다. 아버지의 심장을 이제는 그만 아프게 하십시오. 이제는 하나님께 돌아오십시오. 죄에서 빠져나오십시오.

54

20년 전의 죗값

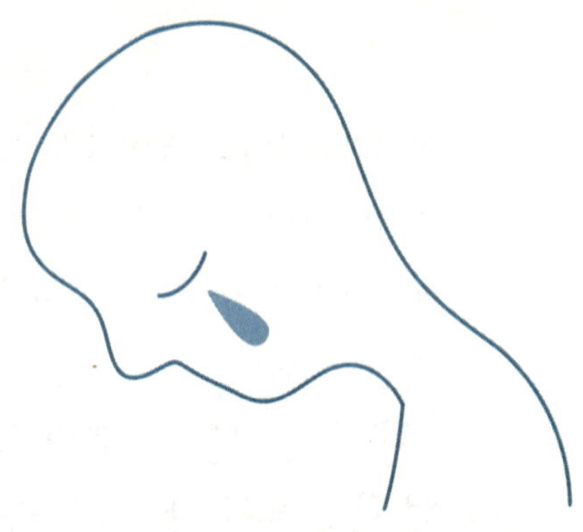

어느 아버지의 4살 된 아들이 갑자기 목구멍에 이상이 생겼습니다. 병원에 갔더니 의사 선생님이 책망을 하였습니다.

"어쩌자고 이 지경이 되도록 병원에 오지 않았습니까? 혹이 너무나 커졌습니다. 수술을 할 수가 없어요. 죄송하지만 데리고 가십시오."

"죽어도 여기서 죽이겠습니다. 죽어도 좋으니 수술 한 번만 해주세요."

의사 선생님은 각서를 받고 수술을 하였습니다. 그런데 20일 만에 아들이 회복되었습니다. 기적이 일어난 것이었습니다. 그러나 병원비가 없었습니다. 그래서 밤중에 아들을 업고 몰래 도망치고 말았습니다. 그동안 아들은 잘 자라 군대에 갔습니다. 교회에 나가 믿음 좋은 아들이 되었습니다. 신학교에 가서 목사가 되겠다고 하였습니다. 신문지에 싼 것을 그 때 펼쳐 보이는데 아들이 군대생활을 잘 하여 지휘관으로부터 받은 상패였습니다. 아들의 전도로 아버지도 예수를 영접하게 되어 집사가 되었습니다. 새벽기도를 드릴 때였습니다. 자기도 모르게 날이 환하게 밝는 것도 모르고 기도하고 있었습니다. 하나님께서 벼락 치듯이 소리를 지르셨습니다.

"회개하라. 20년 전에 죄를 기억하느냐?"

그는 하나님 앞에 엎드렸습니다.

'하나님! 잘못하였습니다. 나는 도둑놈이었습니다. 사기꾼이었습니다. 은혜를 모르는 파렴치한이었습니다. 용서하여 주옵소서! 저는 하나님을 속였습니다. 의사선생님을 속였습니다. 내 양심을 속였습니다."

그는 대성통곡을 하였습니다. 그리고 돈을 마련하여 신문지에 쌌습니다. 그는 돈 뭉치를 원장님에게 내놓으며 눈물을 펑펑 흘리면서 말했습니다.

"원장님! 용서하여 주십시오. 어떤 벌도 달게 받겠습니다."

원장님도 눈시울이 뜨거워지면서 말했습니다.

"내가 의사 생활 수십 년에 당신 같은 사람 처음 보았습니다. 당신 아들 제대하면 내게 데리고 오십시오. 내가 신학교 입학부터 졸업까지 책임지겠습니다. 그리고 좋은 목사가 되도록 기도하겠습니다."

믿는 자가 해야 할 필수 요건이 있다면 회개와 용서입니다.

55

영감님의 지혜

어떤 동네에 소리 잘 지르고 욕 잘하기로 유명한 소몰이 영감님이 있었습니다. 이 영감님은 소 몰고 나갈 때면 어찌나 목소리가 큰지 온 동네가 떠들썩했습니다. 그런데 이 영감님이 어느 날 친구의 인도로 교회에 나가게 되었고 세례까지 받게 되었습니다. 동네 사람들의 관심사는 이 영감님이 얼마나 달라졌나 하는 것이었습니다. 그러던 어느 날, 영감님이 소를 몰고 나가려고 하는데 소들이 말을 듣지 않았습니다. 항상 큰 소리로만 명령을 들어온 소들이 갑자기 달라진 영감님의 소리를 알아듣지 못한 것입니다. 그래서 기도했습니다.

"하나님, 사람들이 보고 있습니다. 소들이 말을 잘 들을 수 있도록 도와주세요."

그런 후에 "소들아 일어나라, 소들아 일어나라." 해도 소들은 꿈쩍도 하질 않습니다. 이거 잘못했다가는 하나님 영광을 가리게 생겼습니다. 그래서 영감님은 또 다시 간절히 기도합니다.

"아버지, 지혜를 주시옵소서!"

그런데 기도하던 영감님의 머리에 와 닿는 생각이 있었습니다. 영감님은 회초리를 번쩍 들더니 소의 엉덩이를 내리치면서 소리를 지릅니다. 그런데 뭐라고 질렀을까요? "이놈의 소 새끼?"가 아니라 "할렐루~야"였습니다. 그랬더니 꿈쩍도 않던 소들이 후닥닥! 다 일어나고 말더라는 이야기입니다.

우스운 이야기이지만 우리는 많은 것을 깨닫게 됩니다. 진정 하나님 안에서 옛사람이 죽은 사람은 성격도 달라지고 사는 방법도 달라지고 삶 또한 다 달라진다는 교훈입니다. 예수님을 믿고 난 뒤 생각뿐만 아니라 말과 행동도 달라져야 합니다.

56

부인의 깨달음

어떤 부인이 사는 것이 너무 어려워 기도하였습니다. "하나님, 너무 괴롭습니다. 저 살기 싫으니 저를 천국으로 어서 불러 주세요."

간절한 기도에 예수님이 나타나셨습니다.

"그래. 내가 네 소원에 응답해 주마. 그런데 하늘나라로 너를 부르기 전에 해야 할 일이 있구나! 네가 하늘나라에 오면 장례식을 해야 할 텐데 집안이 너무나 어지럽구나. 사람들이 장례식에 왔을 때 이 사람이 그래도 살림을 잘하고 갔다는 그런 이야기를 듣도록 집안 청소 좀 할래?"

그래서 부인은 집안을 깨끗이 청소하고 정돈하였습니다. 그러자 예수님이 또 말씀하셨습니다.

"됐다. 그런데 지금 네가 죽으면 네 자식들이 마음에 걸리지 않니? 엄마가 정말 사랑했다는 걸 느낄 수 있도록 자식들에게 며칠간 네가 할 수 있는 모든 방법으로 사랑을 표현해 봐라."

그래서 부인은 며칠 동안 자식들과 대화를 나누고 사랑한다

말해주고 안아 주고 손도 잡아 주고 맛있는 식사도 준비해서 먹이며 사랑한다는 표현을 열심히 했습니다. 그러자 예수님이 또 말씀하셨습니다.

"그런데 네 남편이 걸리는구나. 네 속 썩인 거 내가 잘 안다. 그 사람으로 인해 네 마음이 얼마나 상처를 받았니? 그러나 남편이 장례식 하면서 그래도 참 좋은 여자였다는 추억을 가질 수 있도록 사흘만 남편이 뭐라 해도 절대로 대꾸하지 말고 남편에게 할 수 있는 한 마지막 친절을 베풀어라."

그 말씀에 부인은 천국 가기 정말 어렵구나 생각했지만 이를 악물고 사흘 동안 예수님 말씀대로 최선을 다했습니다. 드디어 예수님이 말씀하셨습니다.

"사랑하는 딸아, 하늘나라에 갈 시간이 다 되었구나. 마지막으로 네 집을 한번 더 돌아보려무나."

그래서 부인은 집을 돌아보았습니다. 그랬더니 집안이 깨끗이 정돈되어 상쾌했습니다. 그리고 오래간만에, 실로 오래간만에 자녀들의 얼굴에서는 웃음꽃이 피어 있었습니다. 그리고 집 한구석에서 무척 괴롭고 미안한 표정을 짓고 있는 남편을 보았습니다. 그 순간 부인의 머릿속에는 너무 좋아진 집안 환경을 바라보고 갑자기 주님을 따라가기 싫어졌습니다. 그래서 "주님, 저 좀 이따 가면 안 되나요? 가족들과 같이 더 살다가 주님이 오라 하실 때까지 가겠어요." 했다는 이야기입니다.

삶에 희망과 행복을 주는 아름다운 77가지 이야기

57

성경을 통한 일생일대의 변화

어떤 여자가 위출혈과 악성 빈혈로 고생을 하며 영양실조까지 걸리게 되었습니다. 매일 밤을 불면증으로 시달렸습니다. 이 여자는 견딜 수가 없었습니다. 재기불능인 자신의 삶을 비관하기 시작하였습니다. 절망과 좌절에 빠져서 어린 딸을 보며 걱정을 하였습니다.

"내가 죽으면 내 딸은 어떻게 되지? 차라리 같이 죽어버리자."

그래서 이 여자는 딸과 함께 자면서 연탄난로 뚜껑을 열어놓았습니다. 동반 자살을 시도하였습니다. 그런데 그 순간 한 음성이 들렸습니다.

"살인자! 살인자!"

정신이 번쩍 들었습니다.

"그렇다. 나는 살인자다. 내 생명만 죽이는 것이 아니라 딸의 생명도 죽이려는 살인자다."

그녀는 어찌할 바를 몰랐습니다. 그런데 그때 마침 책꽂이에

꽂혀 있던 성경책이 눈에 뜨였습니다. 그는 성경을 꺼내어 읽기 시작했습니다. 마태복음이 제일 앞에 있었습니다. 첫 장을 읽었습니다. 마태복음 1장 18절에서 눈이 멈추었습니다.

"예수 그리스도의 나심은 이러하니라. 그 모친 마리아가 요셉과 정혼하고 동거하기 전에 성령으로 잉태된 것이 나타났더니"

그녀는 마음에 뜨거운 감동을 느꼈습니다. 이렇게 기도하기 시작하였습니다.

"성령을 통해서 기적을 주신 하나님! 예수님을 이 땅에 보내신 하나님! 저도 도와주시옵소서."

이 여자는 하나님의 능력이 믿어졌습니다. 못 할 것이 없으신 하나님이라는 사실이 믿어졌습니다. 기적이 믿어졌습니다. 그는 눈물을 흘리고 통곡하며 기도하였습니다.

"하나님. 이제부터는 하나님의 말씀대로 살겠습니다. 하나님과 함께 하겠습니다. 하나님! 저를 돌봐 주시옵소서."

마음속에 있던 부정적인 생각, 절망, 슬픔은 다 떠나고 용기와 자신감이 넘치게 되었습니다. 그리고 그 순간, 그 질병도 다 사라졌습니다. 하나님께서 함께 하신다는 사실을 깨달은 순간 그녀의 삶은 변화되었습니다.

삶에 희망과 행복을 주는 아름다운 77가지 이야기

58
그에게 필요한 것

　일본 작가 엔도 슈사쿠가 쓴 책 가운데 〈바다와 독약〉이 있습니다. 이 책에 등장하는 주인공은 2차 대전 당시 후방 기지병원 군의관으로 있던 젊은 의사입니다. 그는 일본 군부의 명령으로 미군 포로를 잡아다가 마취시켜 생체 실험을 하는 일에 참여하게 되었습니다.

　미군 포로를 잡아서 간단한 진단을 하는 척 합니다. 그러면서 살그머니 병균을 투입시킵니다. 그리고 병들게 합니다. 수술을 하여야 한다고 말했습니다. 그리고 수술을 핑계로 미군 포로의 몸을 해부해서 폐를 잘라내기 시작하였습니다. 폐가 어느 정도 남겨졌을 때 사람이 얼마 동안을 살 수 있는가를 시험하는 것이었습니다. 또 다리를 잘라 봅니다. 피를 흘리게 합니다. 그리고 어느 정도 피가 흐르면 죽는가도 실험하였습니다. 그때 젊은 군의관의 귓가에 끊임없이 들려오는 두 가지 소리가 있었습니다. 하나는 이런 소리였습니다.

　“죽였다. 죽였다. 네가 죽였다.”

다른 소리가 들렸습니다.

"네가 죽인 것이 아니야. 그 누가 네 처지가 되어도 그렇게 안 할 수 없어. 너는 책임이 없어."

양심에 가책을 받던 그는 어느 날인가는 하나님이 자기를 벌하실 것이라는 공포가 엄습하기 시작하였습니다. 그러던 어느 날 잘라낸 미군 포로의 폐를 바라보다가 그 자리에서 미쳐버리고 말았습니다. 양심의 가책 때문에 미친 것이 아닙니다. 한 사람, 두 사람 죽이다 보니 조금 전까지 멀쩡히 살아 있던 사람의 폐를 보고도 도무지 감각이 없고 두려운 마음이 없어진 자기 마음을 보고 미쳐버린 것입니다. 그가 원하는 것은 차라리 양심의 가책이었습니다. 가슴의 고통이었습니다. 마음을 도려내는 아픔이었습니다. 그런데 그 아픔이 생기지 않는 것입니다. 결국 그는 미쳐서 비참한 인생을 살게 됩니다.

삶에 희망과 행복을 주는 아름다운 77가지 이야기

59

값싼 은혜를 구하고 있지는 않습니까?

독일의 신학자인 본회퍼는 당시 독일 교회의 연약해진 원인과 독일 교회의 능력과 사회를 향한 영향력의 상실 원인을 말하면서 "이는 교회가 값싼 은혜, 개념에 집착해 있었기 때문이다."라고 했습니다. 본 훼퍼는 '값싼 은혜'를 이렇게 설명합니다.

"회개 없는 용서. 삶을 바꾸지 않고 용서만 가르치는 것, 고백이 없는 세례, 참된 신앙의 고백이 없이 의식에만 참여하려는 것, 교제가 없는 성찬, 하나님과 나 사이의 진정한 교제는 강조되지 않고 성찬이라는 형식만 강조되는 것, 십자가 없는 은혜, 희생이 없는 제자도, 그리스도를 따라가기를 원하고 축복 받기를 원하지만 희생을 거부하고 있는 성도들, 생활이 없는 그리스도, 삶이 없는 그리스도, 이것이 바로 값싼 은혜이다."고 그는 비판했습니다.

"그날에 나더러 주여, 주여 하는 자마다 천국에 다 들어갈 것이 아니요 다만 하늘에 계신 내 아버지의 뜻대로 행하는 자라야 들어가리라."

　이것은 행위로 구원받는다는 말씀은 아닙니다. 그러나 믿음으로 구원받은 사람에게는 반드시 행함이 있어야 한다는 말씀입니다. 이 말씀 앞에 자신을 점검합시다. 나의 생활 속에 이런 행함이 있습니까? 회개 없는 용서와 삶을 바꾸지 않고 용서를 가르치는 것, 성령의 감동이 없는 예배, 참회가 없는 기도 등 형식적인 생각들이 우리를 거미줄처럼 얽어매고 있지는 않습니까? 내가 그리스도인이라면, 내가 예수 그리스도를 구주와 내 인생의 주인으로 삼았다면 참으로 내 삶 속에 이러한 행위가 나타나고 있습니까? 나는 하나님의 뜻을 행하는가? 정작 중요한 알맹이들은 빼놓은 채 신앙생활하고 있지는 않습니까? 지금 하나님 앞에 자신을 체크해보십시오.

삶에 희망과 행복을 주는 아름다운 77가지 이야기

60

날아라. 닭!

30여 년 전 중국에서는 이상한 일이 벌어졌습니다. 한 선교사 가정에 갓난아기가 태어났을 때의 일입니다. 간호원은 새로 태어난 아기를 재빨리 따뜻한 담요로 쌌습니다. 그리고 자기 무릎 위에 올려놓았다가는 침대 밑으로 집어넣었습니다. 당시의 중국은 전쟁을 하고 있었고, 그때는 공습 중이었기 때문입니다. 가끔 적기들이 도시 위를 지나가며 심한 폭격을 가했습니다.

그 도시에는 선교사 세 가정과 그들을 신실하게 도와주는 중국인 몇 사람을 제외하고는 아무도 없었습니다. 공습이 계속되는 중인데도 선교사들은 그곳에 계속 머물러 있었습니다. 자신들을 보호하기 위해 취할 수 있는 인간적인 방법이란 전혀 취하지 않았고, 오로지 하나님께 자신들을 보호해달라고 내맡겼습니다. 그런데 하나님께서는 정말 그 기도를 들어주셨습니다. 얼마가 지나자 비행기 폭격소리가 그치고 다시 조용해졌습니다. 간호원은 침대 밑에서 갓난아기를 꺼내어 아기 침대에 누이면서 생각했습니다.

'아기 엄마에게 줄 맛있는 음식이 있었으면 좋겠는데. 아기를 낳느라고 너무 애를 써서 지쳐 있는데 말이야. 찬장에는 아무것도 없고 단지 밀가루만이 조금 있을 뿐이니 어떡하면 좋지.'

그곳엔 계란이나 채소가 전혀 없었습니다. 과일과 고기도 없었고 그런 것을 파는 곳도 없었습니다. 또 사러갈 사람도 없었습니다. '고기가 조금만이라도 있었으면.' 하고 간호원은 속으로 원했습니다.

바로 그때 이상한 일이 생겼습니다. 6미터가 넘는 담장 너머로 웬 닭 한 마리가 날아 들어온 것이었습니다. 쿵, 소리를 내며 마당에 떨어지는 순간 간호원과 선교사들은 깜짝 놀라서 자기들의 눈을 의심했습니다. 정말 살아 있는 닭이 있다니. 사람들이 양식이나 닭들을 모두 챙겨서 피난 가버렸는데. 그들은 영양이 많은 닭고기 국을 끓여 산모의 건강 회복을 도울 수 있었습니다. 기쁨에 찬 간호원과 선교사들은 담을 넘어 높이 날아온 닭으로 인하여 하나님께 무한한 감사를 드렸습니다.

삶에 희망과 행복을 주는 아름다운 77가지 이야기

61

무엇을 보며 걷고 있습니까?

딸이 성경 읽기를 꺼려하고 귀찮아하는 것을 매우 안타깝게 여기던 어느 아버지가 있었습니다. 그러던 어느 날 아버지는 딸아이를 데리고 바닷가로 나갔습니다.

"앞에 가는 저 강아지를 따라 한번 걸어보렴."

아이는 영문도 모른 채 강아지를 따라 걸었습니다. 잠시 후 뒤를 돌아보니 모래 위에 발자국이 어지럽게 비뚤, 비뚤 찍혀 있었습니다.

"그럼 이번에는 앞에 보이는 바위를 바라보며 걸어보렴."

아이는 바위를 바라보며 걸었습니다. 잠시 후 뒤를 돌아보니 모래 위에 아이의 발자국이 곧게 나 있는 것이 보였습니다. 아버지는 아이의 머리를 쓰다듬으며 말했습니다.

"어때? 이번에는 발자국이 곧게 나있지? 네가 즐겨보는 만화책이나 텔레비전이 강아지라면 성경은 바로 저 앞의 바위와 같은 거란다."

여러분은 어려서부터 성경을 알고 있습니다. 성경은 그리스도 예수를 믿는 믿음으로 말미암아, 구원에 이르는 지혜를 여러분에게 줄 수 있습니다. 성경 읽기가 어렵습니까? 읽어도 무슨 뜻인지 모르는 말이 많고 너무 두꺼워 읽을 엄두가 나지 않습니까? 그렇다고 하나님께서 거저 주시려는 구원에 이르는 지혜를 거절할 수는 없지 않습니까? 하루에 한 구절씩이라도 읽는 습관을 가지십시오. 어려운 구절이 나오면 목사님이나 어른들께 여쭈어 보고 함께 하나님의 말씀을 나누어보십시오. 하루, 하루 지날 때마다 여러분의 영이 영양분을 공급받아 자라나고 있음을 느낄 수가 있을 것입니다.

살아가면서 강아지를 따라다녀야 되겠습니까? 비뚤어지고, 어지럽혀진 발자국이 아니라 성경이라는 믿을 수 있는 큰 바위를 바라보며 인생의 모래밭 위에 곧은 발자국을 찍으며 담대하게 살아가는 여러분이 되시기를 소망합니다.

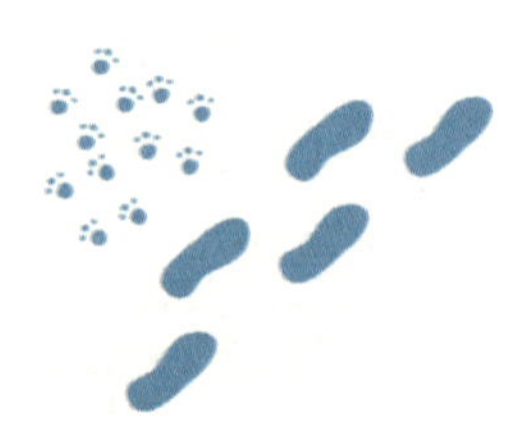

삶에 희망과 행복을 주는 아름다운 77가지 이야기

62

거울의 가치

굴뚝 소제부 두 사람이 작업을 마치고 지상에 내려와 있습니다. 한 사람의 얼굴엔 온통 재가 묻어 있고 다른 한 사람은 대체로 깨끗합니다. 이 두 사람 중에 대체로 얼굴이 깨끗한 사람이 급히 세수를 하러 갑니다. 상대의 얼굴을 보고 자신의 얼굴이 온통 더러울 거라고 생각했기 때문입니다. 그들은 상대를 통하여 자신의 모습을 본 것입니다.

거울의 가치는 그것을 들여다보는 데 있습니다. 지니고 있는 것만으로는 아무런 의미가 없다는 것입니다. 그리고 거울을 본 사람은 그에 따라 어떤 행동이 따라야 합니다. 보기는 보았는데 아무런 반응이 없다는 것 역시 거울의 효용가치를 떨어뜨리는 것입니다. 성경은 하나님의 말씀을 거울이라고 하고 이 거울을 소유한 사람을 신앙인이라고 합니다. 그리고 이 거울에 수시로 자신의 모습을 비춰 보고 자기의 신앙인격을 다듬어서 점차 예수님의 모습으로 닮아가는 사람을 그리스도인이라고 부릅니다.

　하나님의 말씀이라고 부르는 거울을 가지고도 무서운 저주의 대상으로 전락한 사람들이 있습니다. 바로 바리새인과 서기관과 같은 사람들입니다. 이들은 거울에 비친 자기 모습을 보고 다듬어 갈 생각을 전혀 하지 않고 거울을 지니고 있다는 사실에만 도취되어 거울을 갖지 못한 사람들을 멸시하고 더 나아가서 그들을 아예 사람으로 취급조차 하지 않는 무서운 영적 교만을 지닌 채 점점 더 더럽고 추한 몰골로 변해 가던 사람들입니다.

　그리스도인이라고 불리는 사람들로써 진리의 거울에 자신을 수시로 비추어 보고 때 묻은 영혼을 부지런히 씻고 단장하는 사람들은 얼마나 될까요? 거울을 가지고 자신을 바로잡는 데 사용하지 않고 그것을 지니고 있다는 것만으로 만족하면서 자신은 하나님 앞에서 특별한 존재라고 생각하는 터무니없는 영적 교만에 사로잡혀 있다면 차라리 거울을 가지지 못한 사람들보다 하나도 나을 것이 없을 것입니다.

63

게으름의 늪

　어느 날 사탄이 큰 기념제를 개최하고 그의 여러 사자들을 불러내어 그들의 여러 가지 책임수행에 대한 결과를 보고하라고 명령했습니다. 그중 한 사탄의 쫄병이 "나는 사막의 야수들을 풀어 지나가는 그리스도인 대상을 습격하게 하였더니 지금은 그들의 뼈만 모래 위에 굴러다니고 있습니다."하고 보고했습니다. 그때 사탄의 두목은 "그래서 그것이 어쨌단 말이야? 그 영혼은 모두 구원을 받았는데!"라고 말하며 탐탁치 않아 했습니다.

　둘째 쫄병이 보고하기를 "나는 그리스도인을 실은 배에다 폭풍을 일으켜 그들을 모두 물에 빠지게 했습니다." 이때 사탄의 두목은 분개하면서 "그게 자랑이냐? 그들도 다 구원받았는데." 하며 화를 내었습니다. 셋째 쫄병이 보고하기를 "나는 십 년 동안 꼭 한 사람을 택하여 자신의 영혼에 대하여 게으르게 만들었고 무관심하게 만들었습니다. 그리하여 성공했습니다. 그는 지금 완전히 우리 것이 되었습니다." 그때 사탄의 두목은 고함을 지르며 크게 좋아했다고 합니다.

　나태, 즉 영적무관심은 자기의 인격을 파멸할 뿐만 아니라 마귀에게 기쁨을 증가시키는 것입니다.

　또 다른 이야기가 있습니다. 링컨이 길을 걷고 있을 때 군인들이 전봇대를 세우고 있었습니다. 여러 명이 땀을 뻘뻘 흘리면서 전봇대를 세우는데 대위 한 명이 그대로 서서 명령만 하고 있었습니다. 링컨이 얼른 가서 도와주었습니다. 그래서 전봇대를 빨리 세울 수 있었습니다. 그리고 대통령 직함이 찍힌 명함을 대위에게 주면서 말했습니다.

　"앞으로 전봇대 세울 일이 있으면 나를 부르시오."

　대위는 명함을 받아 보고 깜짝 놀랐습니다. 무릎을 꿇으며 말했습니다.

　"각하 잘못 했습니다. 각하도 일하시는데 저도 일하겠습니다."

　게으름은 사람을 잠들게 하나니 나태한 사람은 주릴 것이요" 라고 성경은 말하고 있습니다. 게으름은 늪과도 같습니다. 한 번 게으름의 늪에 빠지기 시작하면 끝이 없습니다.

삶에 희망과 행복을 주는 아름다운 77가지 이야기

64

하나님도 기억하시지 않는 죄

마틴 루터Martin Lutter가 종교개혁을 할 때였습니다. 자기 서재에서 준비를 하고 있는데, 마귀가 나타났습니다. 그리고 종이에 가득 쓴 것을 루터에게 보여줍니다. 그것을 한참 들여다본 루터는 기가 질렸습니다. 앞이 캄캄했습니다. 맥이 탁 풀렸습니다. 자기가 오래 전에 지은 죄를 낱낱이 기록해 놓았습니다. 이제는 너무 오래되어 잊어버리기까지 했던 죄가 다 적혀 있었습니다. 마귀는 그 뒷면을 또 보여줍니다. 자세히 보았더니 요사이 지은 죄를 다 기록해 놓았습니다. 마귀는 비웃는 얼굴로 루터를 향해서 "이 기록이 모두 사실이냐?"고 묻습니다. 루터는 그렇다고 대답했습니다. 이때 마귀는 루터를 향해 손가락질을 하면서 "이런 더러운 녀석이 무슨 종교를 개혁해? 너나 좀 바로 살아! 너 이 죄 값을 어떻게 할래?" 이때 루터는 아무 말도 할 말이 없었습니다. 머리를 숙이고 힘없이 앉아 있는데 뒤에서 분명히 들리는 부드러운 음성이 있었습니다.

"루터야, 네 모든 죄를 내 피로 다 씻었다. 너를 정죄할 자는 아무도 없다.”

이 음성을 듣는 순간 루터는 정신이 들었습니다.

“그리스도 예수 안에 있는 자에게는 결코 정죄함이 없나니” 하는 말씀이 기억났습니다. 그래서 루터는 새 힘을 얻어 크게 외치며 책상에 놓여있던 잉크병을 들어 벽에 던졌습니다.

“그리스도 예수 안에 있는 자에게는 정죄함이 없다. 누가 나를 정죄할 것이냐?”

그때 마귀는 어디론가로 사라지고 말았다고 합니다. 우리는 새로운 피조물이 되었습니다. 때로는 과거의 죄악들에 대한 죄책감이 우리 영혼의 숨통을 조여 올 때가 있습니다. 그러나 한 번 주님 앞에 고백하고 용서함 받은 죄는 하나님께서도 기억하지 않으십니다. 하나님께서도 기억하지 않으시는 죄 때문에 죄책감을 일으키는 것은 마귀의 역사입니다.

삶에 희망과 행복을 주는 아름다운 77가지 이야기

65

팬지가 되세요

어느 나라에 정원을 무척 아끼고 사랑하는 왕이 있었습니다. 이 왕은 정원에 있는 모든 나무, 풀, 꽃 하나하나를 정성으로 가꾸었습니다. 그러던 어느 날, 왕이 아침에 정원을 나가 보니 모든 나무들이 시들어 있는 것이었습니다. 왕은 문 옆에 서 있는 떡갈나무에게 그 이유를 물었습니다.

"떡갈나무야, 무슨 일이 있었니? 도대체 왜 다들 시들어 있지?"

"나무들이 서로 자기가 다른 나무보다 못하다고 실망하고 있어요. 소나무는 자신이 포도나무처럼 열매를 맺지 못한다고, 포도나무는 복숭아나무처럼 똑바로 서서 열매를 맺지 못한다고 낙담하고 있습니다. 또 제라늄은 라일락처럼 날씬하지도 못하고, 향기도 없다고 불평입니다."

그런데 모두 시들어 있는 중에도 유독 생기 있고 아름다운 꽃이 하나 있었습니다. 그 꽃은 바로 팬지Heart-peace였습니다. 왕은 그 꽃에게 물었습니다.

"팬지마음의 평화야, 다들 슬픔 속에서 시들어 가고 있는데 너는 작은 꽃이지만 꿋꿋하게 자라는 것을 보니 짐의 마음이 매우 기쁘구나!"

"네, 고맙습니다. 저는 원래 볼품이 없는 꽃이잖아요. 하지만 왕께서 떡갈나무나 소나무나 복숭아나무 혹은 라일락을 원하셨다면 저를 뽑아 버리고 그들을 심었을 것이라는 것을 알아요. 왕께서 저를 심으신 것은 저를 보시면서 마음에 평화를 느끼기 위함이란 것도 알지요. 그래서 저는 왕께서 저를 보시면서 마음의 평화를 느끼시도록 최선을 다해야겠다고 결심했어요."

왕은 이후로 더욱 팬지꽃을 아끼고 사랑했습니다. 이 우화의 교훈처럼 겸손한 사람은 어떤 외부적인 악조건 속에서도 자신의 마음의 평화를 지켜갑니다. 또 이웃에게 평화의 마음을 전해주는 삶을 사는 것입니다.

삶에 희망과 행복을 주는 아름다운 77가지 이야기

66

멀리 있지 않아요

영국의 어떤 가정에 한 처녀가 있었는데 이 처녀는 어두워지면 무서워서 밖에 못 나가는 공포증에 시달렸습니다. 이 공포증이 점점 깊어져 이 처녀는 나중에 불을 켜고 잠을 자야 하는 심한 노이로제 상태에까지 이르게 되었습니다. 그런데 이 처녀가 부흥 성회에 참석했다가 목사님으로부터 "성령님께서는 평안과 기쁨과 자유의 영이십니다. 성령님을 의지하면 모든 공포와 절망을 극복하고 영광된 삶을 살 수 있습니다. 성령님께서는 바람과 같으신 인격자로서 어디에나 계시며 부모처럼 형제처럼 여러분을 도와주십니다." 라는 말씀을 듣고 큰 깨달음을 얻었고 이 깨달음을 통해 성령 충만을 받아 공포증과 노이로제를 극복했습니다.

불과 몇 시간 만에 이 처녀는 놀라운 변화를 받았습니다. 그날 밤 이 처녀는 불을 끄고 평안히 잠을 잤습니다. 이 사실을 알게 된 부모가 다음날 아침에 원인을 묻자 처녀는 기쁨이 가득한 얼굴로 "제 안에는 성령님께서 계신 걸요. 저는 이제 무

섭지 않아요. 성령님께서 저를 보호해
주시니까요."라고 말했습니다.
　우리는 혼자가 아닙니다. 우리
에게는 만유보다 크신 하나님의 성
령께서 보혜사로 계십니다. 우리가 성령님의 보내심을
받아 복음을 증거할　때 귀신이 소리치며 떠나가고 병든 자가
낫고, 포로 된 자가 자유를 얻으며 가난한 자가 복을 받고 진리
에 눈먼 자가 눈을 뜨는 위대한 역사가 일어납니다. 성령님께
서는 멀리 계시지 않고 영원토록 우리와 함께 하십니다. 우리
는 늘 기도함으로 성령을 소멸치 않도록 해야 할 것입니다.

삶에 희망과 행복을 주는 아름다운 77가지 이야기

67

갈보리

한때 남침례교 신학대학의 학장으로 계셨던 엘리스 풀러 박사가 한 무리의 사람들을 이끌고 성지 순례를 한 적이 있습니다. 토요일에 사람들이 박사에게 말하기를 "박사님, 일요일 아침에는 갈보리로 가게 될 텐데 예수님께서 십자가에 못 박히신 바로 그 지점에서 박사님이 우리에게 설교를 들려주시면 좋겠습니다."고 하였습니다.

박사는 설교를 해야 할 책임감 때문에 그날 밤을 꼬박 뜬 눈으로 새웠다고 합니다. 무슨 말을 해야 할지 곰곰이 생각했지만 도무지 합당한 말이 생각나지 않았습니다. 예수님께서 돌아가신 곳에서 설교를 할 자격이 도저히 없는 것만 같았습니다. 그래서 박사는 잠도 자지 않고 마태복음의 십자가 고난의 기사를 그대로 암송하였습니다.

다음날 아침 사람들은 갈보리로 걸어갔습니다. 모두 입을 꼭 다물고 있었고 모든 것이 죽음처럼 고요했습니다. 그가 이야기할 시간이 되자 풀러 박사는 얼굴을 하늘 쪽으로 돌리고는 십자가의 고난을 묘사한 성경 말씀을 그대로 낭송하기 시작했습니다. 사람들의 눈에서 눈물이 뺨을 타고 흘러내리고 흐느끼는 소리가 들렸습니다.

낭송을 마친 박사는 "저곳이 예수님께서 여러분과 나를 위해 돌아가셨던 곳입니다."하고 말했습니다. 그리고는 찬송가를 불렀습니다. "주 달려 죽은 십자가 우리가 생각할 때에, 죽으신 구주밖에는 자랑을 말게 하소서. 머리와 수족 보오니 큰 자비 나타나셨네. 온 세상 만물 가져도 주 은혜 못다 갚겠네."

사람들이 갈보리에서 발길을 돌렸을 때 그들의 마음엔 만약 목숨이 천 개가 있다면 그의 보혈로써 그들의 구원을 사실 예수님을 위해 천 개의 목숨이라도 다 드리기 원하였다고 합니다. 여러분도 이러한 마음이십니까?

삶에 희망과 행복을 주는 아름다운 77가지 이야기

68

십자가

　날마다 들어도 마르지 말아야 할 감격의 샘터, 그것은 십자가 앞입니다. 우리가 십자가를 향한 감격을 상실했다면 우리의 신앙은 무엇인가 근본적으로 잘못되어 있는 것입니다. 왜냐하면 이보다 더 영광스런 것이 없기 때문입니다. 십자가 없는 기독교는 기독교가 아니기 때문입니다. 십자가 없이는 죄 사함이 없기 때문입니다. 십자가 없이는 우리의 새로운 삶이 없기 때문입니다.

　바울은 그리스도의 십자가 외에는 결코 내게 자랑할 것이 없다고 했습니다. 뿐만 아니라 "그리스도로 말미암아 세상이 나를 대하여 십자가에 못 박히고 내가 또한 세상을 대하여 그러하니라"라고 했습니다. 십자가를 통해서 나와 세상은 단절되었다는 말입니다.

　'설교의 왕자'라고 일컬어지는 세계적으로 유명한 스펄전 목사님이 있습니다. 이 목사님은 설교를 할 때 90% 이상 그리스도의 십자가가 나오지 않으면 가슴이 답답해서 견딜 수 없다고 고백했습니다. 스펄전 목사님의 설교는 그래서 영광스런 그리스도의 십자가와 그리스도께 항상 집중되어 있습니다. 그런데 이 목사님이 하루는 그런 간증을 했습니다. "어느 날 성경을 조용히 묵상하다가 십자가 장면이 나왔는데 제 마음속에 감격이 없었습니다. 그래서 저는 울기 시작했습니다. 주님, 나를 구원한 이 십자가 사건 앞에서 왜 내 마음속에 감격이 사라졌습니까?"

예수 그리스도의 십자가 때문에 나와 세상은 영원히 만날 수 없는 선을 긋고 말았다는 것입니다. 나는 이 세상의 잘못된 시스템, 잘못된 철학, 잘못된 흐름을 향해서 도덕을 선언하고 나를 구원하신 그리스도만을 바라보고 산다는 말입니다. 이런 변화는 단순한 도덕 때문에 일어난 것이 아니라 십자가 때문에 온 것입니다.

그리스도인의 도덕적 변화, 인격적 변화는 의지적인 결심과 도덕적인 추구에서 온 것이 아니라, 십자가 앞에 부딪쳐 그 앞에서 내가 산산조각이 나고 그리스도를 통해서 새로운 피조물이 된 감격을 통해서 일어난 것입니다.

삶에 희망과 행복을 주는 아름다운 77가지 이야기

69

기도하는 손

화가 알베르트와 그의 친구와의 사이에 있었던 이야기입니다. 그들은 화가 지망생들이었지만 너무 가난해서 그림 공부를 할 수 없었습니다. 알베르트와 그의 친구는 오랫동안 궁리한 끝에 한 방법을 찾았습니다. 한 사람이 먼저 그림 공부를 하고, 그동안 다른 한 사람은 돈을 벌어서 그림 공부를 하는 친구를 돕자는 것이었습니다. 알베르트가 먼저 그림 공부를 하기로 하고, 친구는 잠시 그림을 뒤로하고 일터로 나갔습니다. 한 친구는 열심히 일을 해서 알베르트의 학비를 도왔고, 알베르트는 열심히 그림 공부를 했습니다. 몇 년이 지났습니다. 드디어 알베르트는 이름 있는 화가로 성장했습니다. 이제 알베르트의 친구가 공부해야 할 차례입니다.

"이제 자네 차례야. 그동안 고생이 많았네. 내 그림이 이제는 꽤 비싼 값을 받을 수 있으니 돈 걱정은 말고 그림 공부에 전념하게."

친구는 기쁜 마음으로 그림 공부를 시작하게 되었습니다. 그러나 그에게 새로운 실망과 좌절이 찾아왔습니다. 그는 너무나 오랫동안 그림을 그리지 않고 일만 해왔기 때문에 손이 굳어져 세밀한 그림을 그릴 수 없게 되어버린 것입니다.

그는 실망 속에서 하나님을 원망하고 친구도 원망하였지만, 결국 그는 신앙으로 슬픔을 이기고 하나님께 오히려 그의 친구를 위하여 기도하기 시작했습니다.

어느 날 알베르트는 그림 공부를 하고 있는 친구를 만나러 친구의 화실에 들어가려 할 때, 화실 안에서 들려오는 친구의 기도 소리를 듣게 되었습니다. 흐느끼면서 자신의 현실을 안타깝게 하나님께 호소하며, 그러나 알베르트를 용서하고 오히려 알베르트를 위하여 하나님께 간구하는 친구의 기도 소리를 들으며 알베르트는 큰 감동을 받았습니다. 그는 집으로 돌아와 문틈으로 보이던 친구의 거친 손을 생각하며 그림을 그렸습니다. 그 그림이 유명한 '기도하는 손'이라는 알베르트의 대표작입니다.

삶에 희망과 행복을 주는 아름다운 77가지 이야기

70

신문과 13페니

제가 오래 전에 읽은 이야기는 하나님의 값없는 선물을 아름답게 그리고 있습니다. 미국의 한 도시에서 떨어진 옷을 입은 한 신문팔이 소년이 주일 아침에 신문을 팔고 있었습니다. 그가 길을 따라 내려가다가 도시 중앙부의 아름다운 집 앞에 이르게 되었습니다. 그는 자기도 모르는 새에 현관에 서 있었고 자기도 깜짝 놀라면서 얼떨결에 초인종을 눌렀습니다. 실업계의 거물인 로우리 씨가 문을 열면서 그 소년을 보았습니다. 그 소년은 놀란 나머지 이렇게 말했습니다.

"아저씨, 아저씨에게는 아이가 있으신가요?"

"아니, 나의 아내와 함께 있을 뿐 아이들은 없단다."

"아, 그렇다면 저는 아저씨의 아들이 되고 싶어요."

그는 무척 놀라서 그의 아내를 불렀습니다. 그는 부인에게 몸을 돌려 말했습니다.

"여보. 작은 아이를 하나 갖고 싶소."

그녀는 "예"라고 대답했습니다. 작은 소년은 소망을 가지고 말했습니다.

"아저씨, 만약 저를 아저씨의 아이로 삼아주신다면, 저는 제가 가지고 있는 모든 것을 드리겠어요."

그는 아이에게 가정이 있는지, 아버지나 어머니가 있는지 물었습니다. 소년은 "아니오"라고 대답했습니다.

"얘야 그러면 너는 어디에서 자니?"

"길에서요."

그러자 아내가 남편에게 말했습니다.

"여보. 이 아이를 맞이해요."

그들은 그 소년을 아들로 맞아들였습니다. 약속을 지키기 위해서 그 소년은 자신이 가진 모든 것, 신문과 13페니를 그 남자에게 주었습니다. 그 자비한 남자는 그것을 내려다보면서 말했습니다.

"아들아. 그건 니가 가지고 있으렴. 나는 우리 둘을 위해서 충분한 것을 가지고 있어."

하나님께서는 "구원은 파는 것이 아니다. 어느 누구도 그것을 살 수 없다. 그것은 하늘로부터 내려오는 선물이다. 나는 우리 둘을 위해서 충분한 것을 가지고 있다."고 말씀하십니다. **우리는 은혜와 값없는 입양에 의하여 거짓의 아비 마귀의 자녀에서 하나님의 자녀가 되었습니다.** 주님은 문을 활짝 열어놓으시고 우리 죄인들을 환영하십니다. 우

삶에 희망과 행복을 주는 아름다운 77가지 이야기

리에게는 우리 주님의 이름이 주어지고, 우리는 하나님의 가정
으로 입양되는 것입니다.

71

임금님을 불러 보세요

옛날에 어느 임금이 사람을 많이 고용해서 융단과 옷을 짜게 했습니다. 그중에 어린 소년이 하나 있었는데, 그 소년은 베를 짜는 솜씨가 뛰어났습니다. 임금이 일하는 사람들에게 비단실과 견본을 주고 언제든지 문제가 있으면 곧 자기에게 도움을 청하도록 일렀습니다. 그 소년은 조용히, 그리고 꾸준하게 일을 해냈습니다. 그러나 다른 사람들은 자꾸 틀려서 어려움을 당했습니다. 하루는 사람들이 소년에게 물었습니다.

"너는 그렇게 일을 잘 해내고 또 즐겁게 하는데, 왜 우리는 그렇지 않지? 우리가 짠 것은 꼬이지 않으면 견본과 달라지니 말이야." 소년은 대답하길 "임금님께서 하신 말씀을 기억 못하세요? 언제든지 필요하면 도움을 청하라고요."라고 하였습니다. 사람들은 "물론 임금님께 도움을 청하긴 했지만 일들은 헝클어지고, 잘못된 것을 해결하는 데 시간이 많이 걸렸단다."라고 말하였습니다. 소년은 "제가 임금님을 몇 번이나 불러야 했는지 아세요?” 하고 물었습니다. 사람들은 “알지. 그렇지만 그분은 바빠서 그렇게 자주 방해해선 안 된다고 생각했지.”라고 대답했습니다. 이에 소년은 “저는 그분이 말씀하신 대로 했어요. 그런데도 그때마다 좋아하시는 것 같았어요.”라고 말했습니다.

주님은 성경을 통해 말씀하십니다.

“환날 날에 나를 부르라. 내가 너를 건지리니 네가 나를 영화롭게 하리로다.”

우리가 주님을 부르기를 원하십니다. 우리가 주님을 따를 때, 더러 우리의 삶이 꼬이기도 하지만, 주님께서는 우리 생활이 그분의 뜻에서 멀어지기 전에 도와주십니다. 오늘 그분의 도움을 청해 내일의 큰 문제를 피하십시오.

72

극약이냐? 꿀이냐?

어느 교회 목사가 주일 아침 설교에서 죄에 대하여 아주 강하게 말했더니 이튿날 어느 여자 교인 한 분이 목사님 집에 찾아와서 이렇게 말하더랍니다.

"목사님, 어제 설교에서는 죄에 대하여 너무 솔직하게 말씀하셨어요. 우리 애들이 그 말씀을 듣고 그러지 않아도 교회에 잘 나오지 않으려 하는데 앞으로는 너무 그렇게 솔직하게 죄에 대해서는 말씀 안 하시면 좋겠어요."

이 충고를 듣고 있던 목사가 일어나더니 약장에 가서 '극약'이라고 쓴 약병을 가지고 와서 그 교인에게 하는 말이 "자매님께서 저에게 말씀하시는 뜻을 잘 알겠습니다. 자매님의 말씀은 이 약병에서 '극약'이라고 쓴 딱지를 바꾸라는 말씀이지요. 제가 이 독약이 든 병에서 '극약'이라고 쓴 딱지를 떼버리고 '꿀'이라고 써 붙이면 좋을까요? 그러면 위험하지 않겠지요? 자매님, 사람이 듣기 좋은 말로만 하면 영혼을 더욱 죽이게 됩니다." 했답니다.

옛날이나 오늘이나 사람들은 죄라는 말을 듣기 싫어합니다. 기왕이면 듣기 좋은 말을 썼으면 하는 사람이 많고 아예 어떤 이는 교회에서는 죄라는 말을 빼고 윤리적인 말이나 철학적인 지식이나 때로는 정치적인 발언이나 했으면 하는 이들이 많습니다. 이것은 극약이 든 병에서 극약이라는 딱지를 떼버리라는 말과 꼭 같은 것입니다. 이 얼마나 위험한 일입니까? 성경은 죄의 비극적인 결과에 대해서 두려움 없이 솔직하게 말하고 있습니다. 죄의 삯은 사망이라고 했습니다. 죄는 아무리 좋은 말로 해봐야 죄일 뿐입니다.

73

감사가 중요합니다

청교도들이 메이플라워호를 타고 미국에 도착하여 얼마 지나지 않아 그들 중반 이상이 굶어 죽고 병들어 죽었습니다. 게다가 남아 있는 사람들마저 해마다 겹치는 흉년으로 고통을 당했습니다. 도무지 전망이 밝아 보이지 않았습니다. 그래서 전국적으로 금식기도를 선포하고 경건한 이 신앙인들이 하나님께 매달렸습니다.

"하나님, 이 상황을 돌보아 주십시오. 우리를 도와주시옵소서."

이렇게 금식을 선포하고 기도를 한 것이 한두 번이 아니었습니다.

그런데 어느 땐가 또 한 번 대단히 어려운 형편에 놓이게 되자 그들은 다시 금식 기도를 해야 한다고 생각했습니다. 금식 기도를 놓고 의논하는 자리에서 어떤 농부 한사람이 이렇게 제의를 했습니다.

"지금까지 우리는 금식하면서 하나님께서 도와주시기를 간

삶에 희망과 행복을 주는 아름다운 77가지 이야기

절히 기도했습니다. 그러나 이제 달리 생각하기를 원합니다. 비록 농사가 흉년이 들고 형제 자매들이 병으로 쓰러지는 어려움을 겪지만 이 가운데서도 우리가 감사할 것이 있다고 생각합니다. 식량이 풍족치 않고 여건이 유럽보다 편안하지는 않지만 신앙의 자유가 있고 정치적인 자유가 있습니다. 그리고 우리 앞에는 광대한 대지가 열려 있습니다. 이것을 가지고 금식 대신에 감사기간을 정하고 하나님께 감사를 드리는 것이 어떻습니까?" 농부의 그 말은 참석한 사람들에게 깊은 감화를 주었습니다. 그래서 금식기도 주간을 선포하는 대신 감사주간을 선포하고 하나님 앞에 감사한 것이 감사 주일의 기본 동기이다. 비록 무화과나무가 무성치 못하며 포도나무에 열매가 없으며 감람나무에 소출이 없어도 우리는 여호와로 인해 즐거워하고, 감사할 줄 아는 자가 됩시다.

한 알도 빠뜨리지 않습니다

어떤 농부에게 구원을 받지 못한 두 아들이 있었습니다. 농부는 매일 아침 들판으로 일하러 나가기 전에 헛간바닥에 꿇어앉아 두 아들의 구원을 위해 하나님께 온 마음으로 기도를 드렸습니다. 두 아들도 이러한 아버지의 모습을 가끔 보았으나 서로 팔꿈치를 툭툭 치고는 웃으면서 어디론가 말없이 가버리는 것이었습니다.

그러던 어느 날 농부가 죽었습니다. 그후 두 아들이 헛간을 청소하다가 바닥에 패여 있는 두 개의 홈 자국을 발견했습니다. 이 두 개의 홈은 그들의 아버지가 매일 아침 무릎을 꿇고 앉아 "하나님. 제 아들들을 구원해 주옵소서." 하고 애타게 부르짖던 자리였습니다. 두 아들은 빗자루를 내던지고 아버지가 기도하던 자리에 무릎을 꿇고 앉아 기도하였습니다. "하나님. 우리 아버지는 참으로 오랫동안 우리를 위해 기도하셨습니다. 살아 계실 동안 아버지의 기도는 응답받지 못했습니다. 하나님. 이제 우리가 우리의 몸과 마음을 그리스도께 바치고자 나아왔습니다."

바로 그날 두 아들이 구원을 받았습니다. 하나님께서는 참으로 기도에 응답하시는 분이십니다. 때로는 우리의 기도를 물리치시기도 하고 우리 자신의 유익을 위하여 응답을 늦추시는 때도 있습니다만 분명히 우리의 기도에 응답하시는 것만큼은 확실한 사실입니다.

하나님께서 우리의 기도에 응답하시는 것이야 말로 세상에서도 가장 값지고 고마운 일입니다. 하나님께서 나의 간절한 기도를 듣지 않으신다고 생각하십니까? 이제는 지쳐서 기도하는 것을 그만둬야겠다고 생각하십니까? 그렇지 않습니다. 주님께서는 여러분의 기도를 한 알도 빠뜨리지 않고 귀담아 듣고 계십니다. 포기하지 마십시오. 주님께서 반드시 응답해 주실 것입니다.

밀알의 희생

　프랑스 마르세이유에 무서운 전염병이 유행한 적이 있었다고 합니다. 얼마나 그 증세가 심했던지 의사들마저도 환자를 만지기만 하면 죽게 되므로, 병의 원인조차도 알 수 없는 상태에서 계속 사람들은 죽어가고 있었습니다. 이런 상황에서 어느 날 기용이라는 한 의사가 매우 심각한 어조로 "내일 아침 날이 밝을 무렵이면 이 병에 걸린 사람을 해부한 기록을 볼 수 있을 것입니다."라고 했습니다. 이 말을 들은 모든 의사들은 환자를 만져본 사람도 없는데 어떻게 기록을 볼 수 있을 것이라는 말인가 하고서는 의아해했습니다. 그러나 그 말을 한 기용 의사는 자기 처소로 돌아가 밤이 깊도록 하나님께 기도를 한 후, 한 죽은 환자를 내어 놓고 하나하나 해부를 하면서 상세한 기록을 해 나갔습니다. 그 결과 그토록 무서운 전염병의 원인을 규명할 수가 있었으며, 병에 대한 치료가 가능해지게 되었습니다. 그런데 그런 일이 가능해지게 된 바로 그 순간 이 의사는 죽었다고 합니다.

이와 같이 때로는 한 사람의 죽음을 필요로 합니다. 특별히 전도자들의 죽음이 그렇습니다. 베드로의 죽음이 그랬고, 사도 바울의 죽음이 그랬으며, 알고 보면 열두 제자의 죽음 모두가 그랬습니다. 복음을 위하여 죽는 순교자가 없고서는 하나님의 선교는 이루어지지 않습니다. 이것이 성경적인 진리요 기독교 2천년사의 증언입니다. 자루 속의 밀알은 아무리 많아도 그대로 있을 뿐입니다. 중요한 것은 땅에 떨어져 썩어지는 밀알이 되어야 한다는 것입니다. 이는 곧 예수님 자신을 가리키신 말씀임과 동시에 오늘 우리들에게 요구하시는 삶의 자세인 것으로 믿습니다.

주님이 기뻐하시는 자리

20세기의 성인이라고 할 수 있는 슈바이처의 일화 가운데 이런 이야기가 있습니다. 1960년대 슈바이처가 노벨평화상을 받기 위해 아프리카를 떠나 유럽으로 향했습니다. 파리에 내려서 노벨상을 주는 덴마크를 향해 기차를 타고 갑니다.

슈바이처가 왔다는 이야기를 들은 많은 기자들이 취재를 하기 위해서 그 기차를 탔습니다. 기차 안에서 슈바이처와 같이 가면서 여러 가지 대담을 통해 기사를 작성하려고 했는데 슈바이처를 찾을래야 찾을 길이 없습니다. 노벨평화상을 받기 위해서 오신 분, 막대한 상금을 받는 그는 박사 학위만도 정식 학위가 3개이며, 명예박사 학위는 20여 개나 됩니다. 그리고 영국 황실로부터 백작의 칭호를 받은 귀족입니다.

이런 분이었으므로 기자들은 당연히 특등실에 가서 슈바이처를 찾았습니다. 그곳에 없었습니다. 1등 칸에 가 보았습니다. 2등 칸에도 가 보았습니다. 없습니다. 3등 칸에 가니까 가장 가난한 시골 사람들이 나무로 된 의자에 쭈그리고 앉아 있습니

삶에 희망과 행복을 주는 아름다운 77가지 이야기

다. 그 속에 슈바이처가 앉아서 그들의 진맥을 짚어주고 있었습니다. 그래서 기자들은 슈바이처에게 "어떻게 선생님께서 이렇게 남루한 3등 칸에서 고생하며 가십니까?" 하고 물었습니다. 그러자 슈바이처가 대답한 유명한 말이 있습니다.

"나는 내가 즐길 곳을 찾아서 살아온 것이 아니라 나를 필요로 하는 그곳을 찾아다니며 살아왔습니다. 지금도 나는 그렇게 사는 것뿐입니다."

오늘 그리스도인의 삶 속에 이와 같은 삶의 자세가 있어야 하는 것입니다. 이러한 삶이야말로 바로 예수님의 삶입니다. 성숙한 그리스도인은 내가 편한 자리, 내가 좋아하는 자리가 아닌 이웃들을 위한 자리에 있어야 합니다. 그것이 주님을 위한 자리입니다.

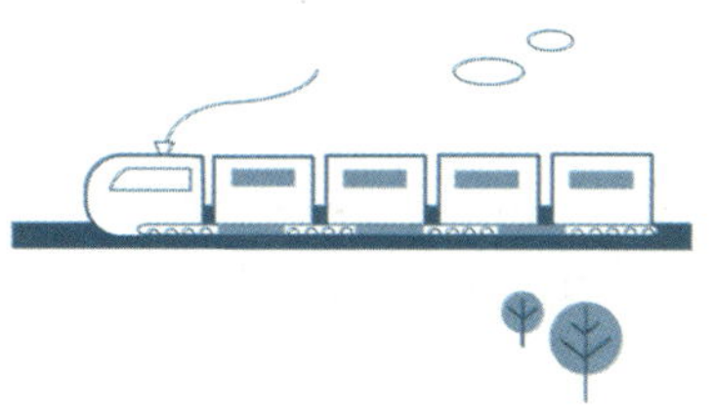

상처

우리는 누구나 다 상처를 받습니다. 우리 내면은 오랜 시간 동안 타의에 의해 때로는 자의에 의해 찢겨진 채 쓰러져 있습니다. 새로운 상처가 생겨나면 그 상처는 이상한 소리로 과거의 상처들에 대한 기억을 불러옵니다. 남에게 받은 상처, 가족에게 받은 상처, 자신에게 받은 상처, 각각의 모양도, 크기도 다른 상처들이 우리 마음 밭을 칼날처럼 그어 놓습니다. 찢기는 소리가 납니다. 그리고 곧, 피가 흐릅니다. 고통이 느껴집니다. 더 이상 길이 없어 보입니다. 너무 많은 상처라 어떻게 손을 써 볼 엄두조차 나지 않습니다.

또 다시 쓰러져 있을 때 누군가 내 상처들을 가만히 만지는 소리가 납니다. 벌어진 나의 상처에 누군가가 소독약을 뿌리고, 꿰매어 줍니다. 마지막으로 찢겨진 상처로 인해 흘러나온 마음의 피들을 정성스럽게 닦아 줍니다. 그리고 나의 이마에 손을 짚어 주며 귓가에 속삭입니다.

"내니, 안심하라."

오랫동안 잊고 살았던 목소리입니다. 굳이 말하지 않아도 그분이 누구란 것을 알 수 있습니다. 감사함에 무슨 말이든 해야 할 것 같아 입술을 움직여 보지만 눈물이 먼저 나옵니다. 그분이 말씀하십니다.

"아무 말도 말거라. 너의 마음을 안단다. 네가 아플 동안 나도 아팠단다."

때로는 악한 사탄으로 인해 누명을 받을 수도 있습니다. 사탄의 손가락이 사람들의 눈을 찔러 진실을 보지 못하게 합니다. 그들이 내게 손가락질을 할 수도 있습니다. 수군거리며 엉터리 소문을 퍼뜨릴 수도 있습니다. 우리는 당연히 상처를 받게 됩니다. 그러나 걱정하지 마십시오. 예수님께서는 모든 진실을 알고 계십니다. 당신의 마음을 그분은 알고 계십니다. 그분이 여러분의 상처를 깨끗하게 봉합하여 주실 것입니다.

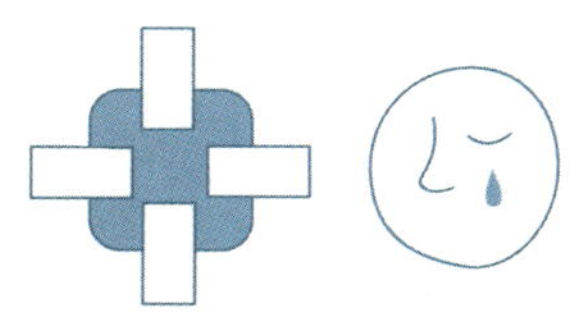